찐초보 영어회화

영어에 진심인 당신을 위한
최고의 기본서

영어교재 연구원 엮음

도서출판 YEGA

초보자를 위하여 네이티브의 정확한 발음과 우리말 해석을 함께 녹음하였으며, 실생활에 많이 쓰이는 대화위주로 구성하여 일상생활에서 바로 바로 쓸 수 있도록 하였습니다. 각 단원마다 new words와 연습문제로 복습할 수 있으며 그림으로 구성된 각 장의 영단어로 완성도를 높였습니다.

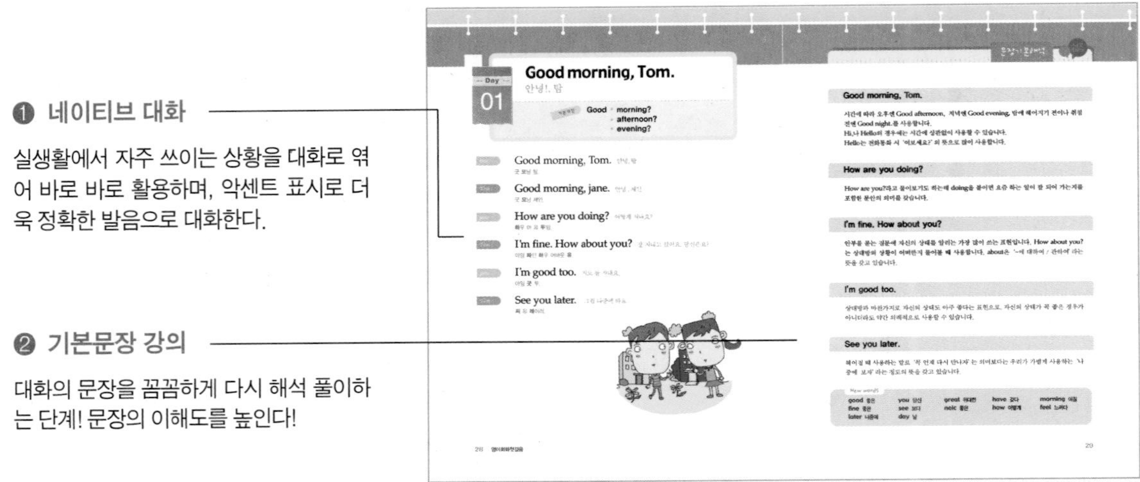

Day 01
Good morning, Tom.
안녕!, 탐
Good morning?
afternoon?
evening?
Good morning, Tom.
Good morning, jane.
How are you doing?
I'm fine. How about you?
I'm good too.
See you later.
Good morning, Tom.
How are you doing?
I'm fine. How about you?
I'm good too.
See you later.

❶ 네이티브 대화

실생활에서 자주 쓰이는 상황을 대화로 엮어 바로 바로 활용하며, 악센트 표시로 더욱 정확한 발음으로 대화한다.

❷ 기본문장 강의

대화의 문장을 꼼꼼하게 다시 해석 풀이하는 단계! 문장의 이해도를 높인다!

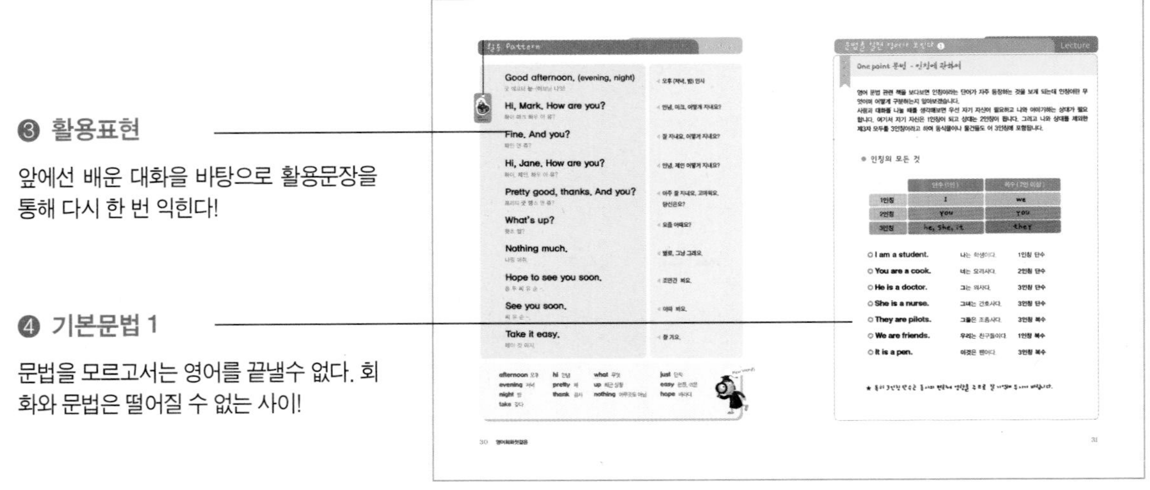

Good afternoon. (evening, night)
Hi, Mark. How are you?
Fine. And you?
Hi, Jane. How are you?
Pretty good, thanks. And you?
What's up?
Nothing much.
Hope to see you soon.
See you soon.
Take it easy.
Lecture
인칭의 모든 것
I am a student.
You are a cook.
He is a doctor.
She is a nurse.
They are pilots.
We are friends.
It is a pen.

❸ 활용표현

앞에선 배운 대화을 바탕으로 활용문장을 통해 다시 한 번 익힌다!

❹ 기본문법 1

문법을 모르고서는 영어를 끝낼수 없다. 회화와 문법은 떨어질 수 없는 사이!

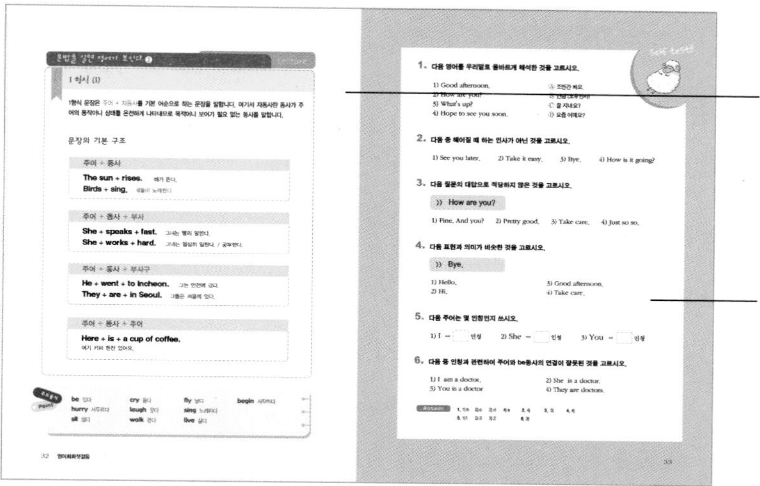

문법을 알면 영어가 보인다 2

1형식 (1)

1형식 문장은 주어 + 자동사를 기본 어순으로 하는 문장을 말합니다. 여기서 자동사란 동사가 주어의 동작이나 상태를 온전하게 나타내므로 목적어나 보어가 필요 없는 동사를 말합니다.

문장의 기본 구조

주어 + 동사

The sun + rises. 해가 뜬다.
Birds + sing. 새들이 노래한다.

주어 + 동사 + 부사

She + speaks + fast. 그녀는 빨리 말한다.
She + works + hard. 그녀는 열심히 일한다. / 공부한다.

주어 + 동사 + 부사구

He + went + to Incheon. 그는 인천에 갔다.
They + are + in Seoul. 그들은 서울에 있다.

주어 + 동사 + 주어

Here + is + a cup of coffee.
여기 커피 한잔 있어요.

Point

be 있다 | cry 울다 | fly 날다 | begin 시작하다
hurry 서두르다 | laugh 웃다 | sing 노래하다
sit 앉다 | walk 걷다 | live 살다

32 영어회화첫걸음

1. 다음 영어를 우리말로 올바르게 해석한 것을 고르시오.

1) Good afternoon.
2) How are you?
3) What's up?
4) Hope to see you soon.

ⓐ 조만간 봐요.
ⓑ 안녕 (오후인사)
ⓒ 잘 지내요?
ⓓ 요즘 어때요?

2. 다음 중 헤어질 때 하는 인사가 아닌 것을 고르시오.

1) See you later. 2) Take it easy. 3) Bye. 4) How is it going?

3. 다음 질문의 대답으로 적당하지 않은 것을 고르시오.

》 How are you?

1) Fine. And you? 2) Pretty good. 3) Take care. 4) Just so so.

4. 다음 표현과 의미가 비슷한 것을 고르시오.

》 Bye.

1) Hello.
2) Hi.
3) Good afternoon.
4) Take care.

5. 다음 주어는 몇 인칭인지 쓰시오.

1) I = ☐ 인칭 2) She = ☐ 인칭 3) You = ☐ 인칭

6. 다음 중 인칭과 관련하여 주어와 be동사의 연결이 잘못된 것을 고르시오.

1) I am a doctor.
2) She is a doctor.
3) You is a doctor
4) They are doctors.

33

❺ 기본문법 2

영어를 학습할 때 꼭 필요한 문법을 차근차근 익혀보자!

❻ 연습문제

어학의 기본은 복습! 연습문제를 통해서 지금까지 베웠던 것을 정확히 알고 있는지 테스트해보자!

가족과 친척에 관한 영단어

home 가정 | family 가족 | grandfather 할아버지 | grandmother 할머니 | daddy 아빠 | mon 엄마

sister 언니 | brother 형 | ant 이모 | parents 부모 | son 아들 | child 아이/자식 | uncle 삼촌 | daugher 딸 | baby 아기

34 영어회화첫걸음 | 35

❼ 그림으로 외우는 영단어

기본적으로 알아두어야 할 영단어를 그림을 보면서 쉽게 연상시켜 외운다.

이 책의 차례

기본으로
익혀야 할
발음

그림으로 영어 발음 익히기

단어에 맞는 그림과 네이티브의 정확한 발음으로
단모음, 장모음, 이중모음, 자음을 확실히 익히면
나도 네이티브처럼 발음할 수 있다!

【a】

아

입을 크게 벌려
입 안쪽에서 【아】하고
소리내어 발음해 보자

box

[báks] 박스

상자

body

[bádi] 바디

몸

【æ】

애

입을 약간 벌리고
우리말의 【애】와 같이
턱을 아래로 내리고
발음해 보자

apple

[ǽpl] 애플

사과

cat

[kǽt] 캣

고양이

【ə】

어

입을 약간 벌리고 혀를
아랫니 뒤에 대고 짧고 약하게
【어】하고 발음해 보자

Easter

[íːstər] 이스터

주일, 부활절

balloon

[bəlúːn] 벌룬

풍선

【ʌ】

어

【아】와【어】의 중간소리로
입을 약간 더 벌리고
【어】에 가깝게
발음해 보자

cup

[kʌp] 컵

컵

umbrella

[ʌmbrélə] 엄브렐라

우산

【e】

에

입을 약간 벌리고【에】에
가까운 발음으로
턱을 움직이지 않는
상태에서 발음해 보자.

desk

[désk] 데스크

책상

egg

[ég] 에그

달걀

【ɔ】 어

우리말의 【어】보다
입을 크게 벌리고, 입 안쪽에서
【어】하고 발음해 보자

coffee
[kɔ́fi] 커-피

커피

frog
[frɔ́:g] 포그

개구리

【u】 우

우리말의 【우】에 가까운
소리이나 입술을 좀 더 좁게
오므리고 발음해 보자

blouse
[bláus] 블라우스

블라우스

fowl
[fául] 빠-울-

닭, 새고기

【i】 이

【이】하고 짧게 발음해 보자

live
[lív] 리브

살다

gift
[gíft] 기프트

선물

【aː】
아–

우리말의 【아】를
길게 끄는 소리와 같이
발음해 보자

garlic

[gáːrlik] 갈릭

마늘

arm

[áːrm] 아-암

팔

【aːr】
아–ㄹ

입을 완전히 벌리고
【아-ㄹ】하고 길게 소리내면서
혀끝을 말아 올리고
발음해 보자

car

[káːr] 카

자동차

star

[stáːr] 스타

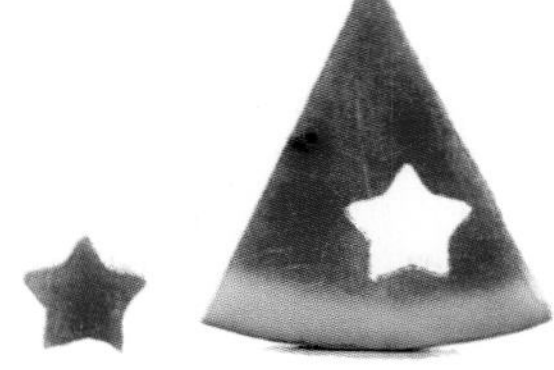

별

【əːr】
어–ㄹ

입을 조금 벌리고
【어-ㄹ】하고 길게 소리내면서
혀끝을 위로 말아 올려서
발음해 보자

birthday

[bəːrθdèi] 벌스데이

생일

girl

[gəːrl] 걸

소녀

【ɔː】
어-

입 안쪽에서 【어】하고
길게 발음해 보자

orange
[ɔ́ːrindʒ] 어린쥐

오렌지

officer
[ɔ́ːfisər] 어피서

공무원

【ɔːr】
어ㄹ

【어】를 강하게 발음하고
이어서 【어ㄹ】를 약하게
소리내어 발음해 보자

door
[dɔ́ːr] 도어

문

store
[stɔ́ːr] 스토어

가게

【uː】
우-

입술을 둥글게 앞으로
내밀면서 【우-】하고
길게 소리내어
발음해 보자

pool
[púːl] 풀

풀장

room
[rúːm] 룸

방

이-

【이-】보다 좀더 날카롭게
입을 조금 좌우로 벌리고
길게 발음해 보자

korean
[kəríːən] 코리언

한국의

sea
[síː] 씨-

바다

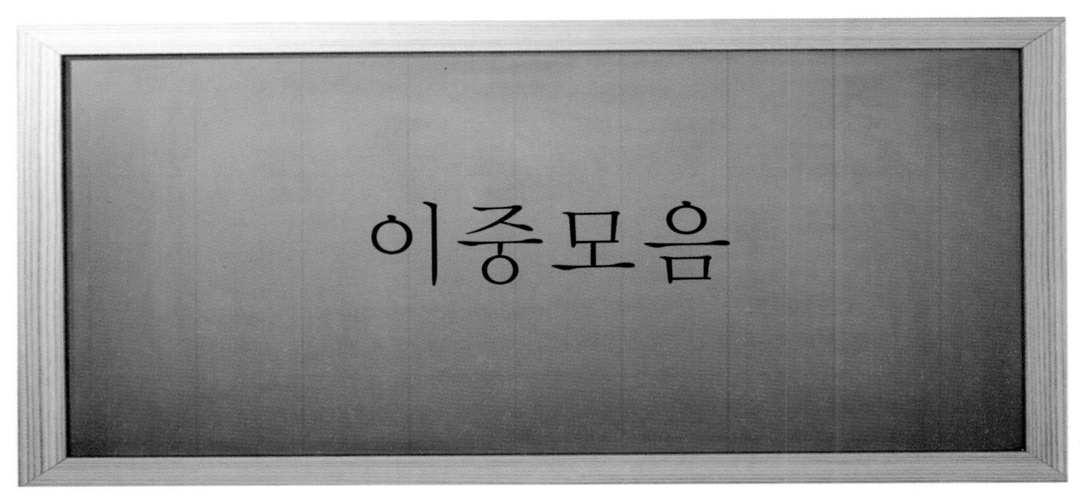

이중모음

【ai】 아이

입을 크게 벌리고 【아】를 강하게 발음하면서 【이】를 약하게 소리내어 발음해 보자

tiger
[táigər] 타이거

호랑이

dial
[dáiəl] 다이얼

다이얼

【au】 아우

【아】를 강하게 발음하고 이어서 【우】를 약하게 소리내어 발음해 보자

cow
[káu] 카우

암소

house
[háus] 하우스

집

【ɛər】
에어ㄹ

【에】를 강하게 발음하고
이어서 【어ㄹ】를 약하게
소리내어 발음해 보자

hair
[hɛ́ər] 헤어

머리카락

airplane
[ɛ́ərplèin] 에어플레인

비행기

【ei】
에이

【에】를 강하게 발음하고
이어서 【이】를 약하게
소리내어 발음해 보자

train
[tréin] 트레인

열차

cake
[kéik] 케이크

케이크

【ou】
오우

【오】를 강하게 발음하고
이어서 【우】를 약하게
소리내어 발음해 보자

gold
[góuld] 골드

금

road
[róud] 로드

길

【ɔi】 오이

【오】와 【이】를 연이어
소리내어 발음해 보자

boy
[bɔ́i] 보이

소년

toy
[tɔ́i] 토이

장난감

【uər】 우어ㄹ

【우】를 강하게 발음하고
이어서 【어ㄹ】를 약하게
소리내어 발음해 보자

poor
[púər] 푸어

가난한

tour
[túər] 투어

여행

【iər】 이어ㄹ

【이】를 강하게 발음하고
이어서 【어ㄹ】를 약하게
소리내어 발음해 보자

hear
[híər] 히어

듣다

year
[jíər] 이어

해, 1년

자음

【b】 브

아랫입술과 윗입술을
붙였다 떼면서 우리말의
【ㅂ】에 가까운 소리내어
발음해 보자

ball
[bɔ́:l] 볼

공

bed
[béd] 베드

침대

【d】 드

윗니와 아랫니 사이에
혀를 약간 대고 우리말의
【ㄷ】에 가깝게 소리내어
발음해 보자

desk
[désk] 데스크

책상

doll
[dál] 돌

인형

【f】

프

아랫입술과 윗입술을 붙였다가 떼면서 우리말의 【ㅍ】에 가까운 발음으로 소리내어 보자

father

[fá:ðər] 파더

아버지

food

[fú:d] 푸드

음식

【g】

그

혀의 뒷부분을 살짝 들고 우리말의 【ㄱ】에 가까운 소리로 발음해 보자

grape

[gréip] 그레이프

포도

glove

[glʌv] 글러브

장갑

【h】

흐

윗니와 아랫니 사이로 바람을 불어내듯이 【흐】하고 소리내어 발음해 보자

hand

[hǽnd] 핸드

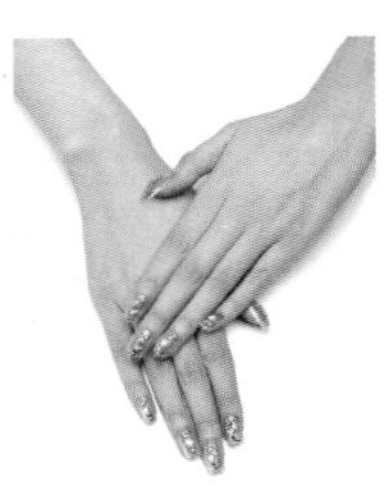

손

head

[héd] 해드

머리

[k] 크

혀의 뒷부분을 살짝 들어
우리말의 【ㅋ】에 가까이
소리내어 발음해 보자

key [kíː] 키

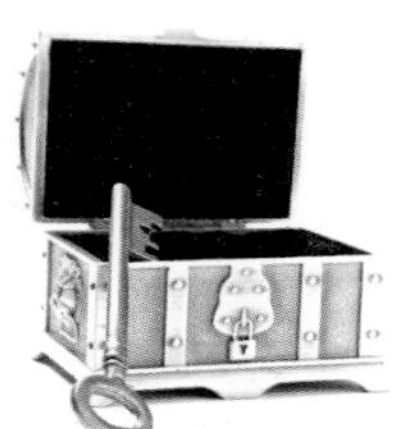

열쇠

king [kíŋ] 킹

왕

[l] 르

혀끝을 입천장에 살짝
붙였다가 【ㄹ】에 가깝게
소리내어 발음해 보자

lamp [lǽmp] 램프

등불

lion [láiən] 라이언

사자

[m] 므

입술을 붙였다 떼면서 콧소리
【ㅁ】에 가깝게 소리내어
발음해 보자

monkey [mʌ́ŋki] 몽키

원숭이

milk [mílk] 밀크

우유

【n】 느

혀끝을 윗니 뒤에 살짝 대었다 떼면서 콧소리로 【ㄴ】에 가깝게 소리내어 발음해 보자

night

[náit] 나잇

밤

cleaner

[klíːnər] 클리너

청소부

【p】 프

아랫입술과 윗입술을 붙였다 떼면서 【ㅍ】와 같이 소리내어 발음해 보자

pen

[pén] 펜

펜

park

[pá:rk] 파크

공원

【r】 르

혀끝을 살짝 말아 올리면서 【ㄹ】에 가깝게 소리내어 발음해 보자

rose

[róuz] 로즈

장미

cart

[ká:rt] 카트

카트

[S]
스

윗니와 아랫니를 붙인 사이로
바람을 내보내듯 [스으] 하고
소리내어 발음해 보자

sky
[skái] 스카이
하늘

snow

[snóu] 스노우
눈

[t]
트

혀끝을 윗니 뒤에 살짝 붙여서
우리말의 [ㅌ]에 가깝게
소리내어 발음해 보자

tree
[tríː] 트리

나무

table
[téibl] 테이블

테이블

[v]
브

윗니를 아랫입술에
가볍게 대고 [ㅂ]에 가깝게
소리내어 발음해 보자

vase
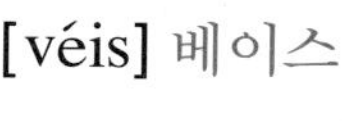
[véis] 베이스

꽃병

violin
[vàiəlín] 바이얼린

바이올린

우

입술을 동그랗게 오므리고
【우】하고 소리내어
발음해 보자

watch

[wátʃ] 와치

손목시계

wind

[wínd] 윈드

바람

이

우리말 【이】에서 【야】로
자연스럽게 넘어가듯
발음해 보자

yellow

[jélou] 옐로우

노란색

young

[jʌŋ] 영

젊은

【z】

즈

윗니와 아랫니를 붙인 사이로
바람을 내보내듯 【ㅈ】에
가깝게 소리내어 발음해 보자

zoo

[zúː] 주-

동물원

zebra

[zíːbrə] 지브러

얼룩말

【θ】
쓰

윗니와 아랫니 사이로
혀끝을 약간 내밀며
【쓰】하고 소리내어
발음해 보자

thorn

[θɔ́ːrn] 쏘-온

고통, 근심

three

[θríː] 뜨리

3, 3살

【ð】
드

윗니와 아랫니 사이로
혀끝을 약간 내밀며
【드】하고 소리내어
발음해 보자

those

[ðóuz] 도우즈

그들의

together

[təgéðər] 투게더

함께

【ʃ】

쉬

입술을 동그랗게 하고
바람을 내보내듯【쉬】하고
소리내어 발음해 보자

shop

[ʃáp] 샵

상점

shower

[ʃáuər] 샤우어

소나기

【ʒ】 쥐

입술이 동그랗게 하고 바람을 내보내듯 【쥐】하고 소리내어 발음해 보자

garage

[gərɑ́ːʒ] 게라-쥐

차고

beige

[béiʒ] 베이지

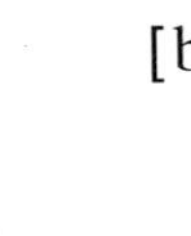

베이지색

【dʒ】 쥐

입술을 동그랗게 말아서 숨을 내뱉듯 【쥐】하고 소리내어 발음해 보자

juice

[dʒúːs] 주스

주스

jam

[dʒǽm] 잼

잼

【tʃ】 취

입술을 동그랗게 하고 바람을 내보내듯 【취】하고 소리내어 발음해 보자

chicken

[tʃíkən] 치킨

닭

child

[tʃáild] 차일드

어린이

【ŋ】

응

혀의 뒷부분을 입천장 뒤에
살짝 대면서 콧소리로
【응】하고 소리내어
발음해 보자

sing

[síŋ] 싱

노래하다

pink

[píŋk] 핑크

분홍색

회화와
문법, 단어를
한 번에

어려웠던 영어 독학으로 끝내기

회화, 문법, 활용 표현, 영단어 등
4가지 **part**를 하나로 묶었다. **Day 1**부터 **Day 29**까지
정확하게 마스터 한다면 당신은 더 이상 초보자가 아니다.

Day 01

Good morning, Tom.

안녕, 탐

Good morning?
Good afternoon?
Good evening?

Jane : Good morning, Tom. 안녕, 탐
굿 **모**닝, 탐

Tom : Good morning, Jane. 안녕 , 제인
굿 **모**닝, **제**인

Jane : How are you doing? 어떻게 지내요?
하우 아 유 **두**잉?

Tom : I'm fine. How about you? 잘 지내고 있어요. 당신은요?
아임 **파**인. **하**우 어바웃 **유**?

Jane : I'm good too. 저도 잘 지내요.
아임 **굿** 투

Tom : See you later. 그럼 나중에 봐요.
씨 유 **레**이러

Good morning, Tom.

아침에 만났을때의 기본 인사로 오후엔 Good afternoon, 저녁엔 Good evening, 밤에 헤어지기 전이나 취침 전엔 Good night을 사용합니다.
Hi나 Hello의 경우에는 시간에 상관없이 사용할 수 있습니다.
Hello는 전화통화 시에 '여보세요?'의 뜻으로 많이 사용합니다.

How are you doing?

How are you?라고 물어보기도 하는데 doing을 붙이면 요즘 하는 일이 잘 되어 가는지를 묻는 문안의 의미를 포함합니다.

I'm fine. How about you?

I'm fine은 안부를 묻는 질문에 자신의 상태를 알리는 가장 많이 쓰는 표현입니다. How about you?는 상대방의 상황이 어떠한지 물어볼 때 사용합니다. about은 '~에 대하여, 관하여'라는 뜻을 갖고 있습니다.

I'm good too.

상대방과 마찬가지로 자신의 상태도 아주 좋다는 표현으로, 자신의 상태가 꼭 좋은 경우가 아니더라도 약간 의례적으로 사용할 수 있습니다.

See you later.

헤어질 때 사용하는 말로 '꼭 언제 다시 만나자'는 의미보다는 우리가 가볍게 사용하는 '나중에 보자' 정도의 뜻을 갖고 있습니다.

New words

good 좋은　**you** 당신　**morning** 아침　**fine** 좋은
see 보다　**nice** 좋은　**how** 어떻게　**later** 나중에

Good afternoon. (evening / night)
굿 에프터 눈-(이브닝/나잇)
◀ 오후 (저녁, 밤) 인사

Hi, Mark. How are you?
하이, 마크. 하우 아 유?
◀ 안녕, 마크, 어떻게 지내요?

Fine. And you?
파인. 앤 쥬?
◀ 잘 지내요, 어떻게 지내요?

Hi, Jane. How are you?
하이, 제인. 하우 아 유?
◀ 안녕, 제인 어떻게 지내요?

Pretty good, thanks. And you?
프리티 굿, 땡스. 앤 쥬?
◀ 아주 잘 지내요, 고마워요. 당신은요?

What's up?
왓츠 업?
◀ 요즘 어때요?

Nothing much.
낫씽 머취
◀ 별로, 그냥 그래요.

Hope to see you soon.
홉 투 씨 유 순 -
◀ 조만간 봐요.

See you soon.
씨 유 순-
◀ 이따 봐요.

Take it easy.
테이킷 이지
◀ 잘 가요.

afternoon 오후
pretty 꽤
nothing 아무것도 아닌
Hi 안녕
easy 편한, 쉬운
hope 바라다
just 단지
night 밤
take 갖다
evening 저녁
thank 감사

One point 문법 – 인칭에 관하여

영문법 관련 책을 보다보면, 인칭이라는 단어가 자주 등장하는 것을 보게 되는데 인칭이란 무엇이며 어떻게 구분하는지 알아보겠습니다.
사람과 대화를 나눌 때를 생각해보면 우선 자기 자신이 필요하고 나와 이야기하는 상대가 필요합니다. 여기서 자기 자신은 1인칭이 되고 상대는 2인칭이 됩니다. 그리고 나와 상대를 제외한 제3자 모두를 3인칭이라고 하며, 동 · 식물이나 물건들도 이 3인칭에 포함됩니다.

인칭의 모든 것

	단수 (1인)	복수 (2인 이상)
1인칭	I	we
2인칭	you	you
3인칭	he, she, it	they

- **I am a student.** 나는 학생이다. 1인칭 단수
- **We are friends.** 우리는 친구들이다. 1인칭 복수
- **You are a cook.** 너는 요리사다. 2인칭 단수
- **You are students.** 너희들은 학생들이다. 2인칭 복수
- **He is a doctor.** 그는 의사다. 3인칭 단수
- **It is a pen.** 이것은 펜이다. 3인칭 단수
- **They are pilots.** 그들은 조종사다. 3인칭 복수

★ 특히 3인칭 단수는 동사의 변화에 영향을 줌으로 잘 기억해 두시기 바랍니다.

제1형식 (1)

1형식 문장은 **주어+자동사**를 기본 어순으로 하는 문장입니다. 여기서 자동사란 동사가 주어의 동작이나 상태를 온전하게 나타내므로 목적어나 보어가 필요 없는 동사를 말합니다.

제1형식 기본구조

주어 + 동사

The sun + rises. 해가 뜬다.
Birds + sing. 새들이 노래한다.

주어 + 동사 + 부사

She + speaks + fast. 그녀는 빨리 말한다.
She + works + hard. 그녀는 열심히 일한다.(공부한다)

주어 + 동사 + 부사구

He + went + to Incheon. 그는 인천에 갔다.
They + are + in Seoul. 그들은 서울에 있다.

유도부사 + 동사 + 주어

Here + is + a cup of coffee.
여기 커피 한 잔 있어요.

● **주요 자동사**

be 있다	**do** 행동하다	**fly** 날다	**go** 가다
begin 시작하다	**hurry** 서두르다	**laugh** 웃다	**sing** 노래하다
sit 앉다	**walk** 걷다	**live** 살다	**cry** 울다

Self test!!

1. 다음 영어를 우리말로 알맞게 해석한 것을 고르시오.

1) Good afternoon.	Ⓐ 조만간 봐요.
2) How are you?	Ⓑ 안녕(오후인사)
3) What's up?	Ⓒ 잘 지내요?
4) Hope to see you soon.	Ⓓ 요즘 어때요?

2. 다음 중 헤어질 때 하는 인사가 아닌 것을 고르시오.

1) See you later. 2) Take it easy. 3) Bye. 4) How is it going?

3. 다음 질문의 대답으로 틀린 것을 고르시오.

〉〉 How are you?

1) Fine. And you? 2) Pretty good. 3) Take care. 4) Just so so.

4. 다음 표현과 의미가 비슷한 것을 고르시오.

〉〉 Bye.

1) Hello.
2) Hi.
3) Good afternoon.
4) Take care.

5. 다음 주어는 몇 인칭인지 쓰시오.

1) I = ☐ 인칭 2) She = ☐ 인칭 3) You = ☐ 인칭

6. 다음 중 인칭과 관련하여 주어와 be동사의 연결이 잘못된 것을 고르시오.

1) I am a doctor.
2) She is a doctor.
3) You is a doctor
4) They are doctors.

Answer ❶ 1) Ⓑ 2) Ⓒ 3) Ⓓ 4) Ⓐ  ❷ 4) ❸ 3) ❹ 4) ❺ 1) 1 2) 3 3) 2 ❻ 3)

때와 시간에 관한 영단어

past
과거 패스트

present
현재 프레즌트

future
미래 퓨처

date
날짜 데이트

year
년 이어-

time
시간 타임

morning
아침 모-닝

noon
정오(낮12시) 눈-

evening
저녁 이-브닝

A.M.
오전 에이엠

P.M.
오후 피엠

week
주 윅-

weekend
주말 위-캔드

day
하루 데이

everyday
매일의 에브리데이

I am free.

저는 한가해요

기본패턴

I am free.
I am busy.

Anna :

Hello. Are you a student?

헬로우. 아 **유** 어 스**튜**어던트?

안녕하세요. 당신은 학생인가요?

Mark :

Yes, I am a student.

예스, **아**이 엠 어 스**튜**어던트

네. 저는 학생이에요.

Anna :

Are you busy now?

아 유 **비**지 나우?

지금 바쁘세요?

Mark :

No, I am not. I am free.

노우, 아임 **낫**. 아이 엠 **프**리

아니요. 지금 한가해요.

Hello. Are you a student?

Are you 다음에 직업을 넣어서 상대방의 직업을 물을 수 있습니다.

Are you a lawyer? 변호사세요?
Are you a farmer? 농부세요?
Are you a teacher? 교사세요?

문법상으론 be 동사인 are를 문장의 제일 앞으로 빼줘야 하지만, 실제 대화에서는 You are a student?라고 질문하여도 상관없습니다. 다만, You are a student?라고 질문할 경우, 끝을 확실히 올리지 않으면 You are a student '너는 학생이다'가 되므로 유의해야 합니다.

Yes, I am a student.

Are you~에 대한 대답으로 맞을 경우에는 Yes, I am~ / Yes, I am 또는 Yes로 대답할 수 있습니다.
I am을 줄여서 I'm으로 나타내는데 회화체에서는 I'm 이외에도 He's, She's, It's, We're, You're, They're 등과 같이 인칭과 be 동사가 축약된 형태가 많이 사용됩니다. 하지만 축약형들은 어디까지나 회화에서만 사용되고 글을 쓰는 경우에는 사용하지 않습니다.

Are you busy?

바쁘냐고 물어볼 때 많이 사용하는 말로, Are you~? 다음에 형용사를 넣어서 '당신은 ~합니까?'라는 뜻으로 상대방의 상태에 관한 질문을 만들 수 있습니다.

No, I am not. I am free.

Are you busy?에 대한 대답으로 맞을 경우에는 Yes, I am(busy)라고 하고 아닌 경우에는 No, I am not busy / No, I am not 또는 No라고 대답할 수 있습니다.
I am~ 다음에 형용사를 넣어서 '저는 ~합니다'라고 표현 할 수 있습니다.

New words

free 한가한 **student** 학생 **busy** 바쁜 **now** 지금

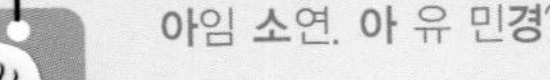

Lecture

I am Soyeon. Are you Mingyeong? 아임 소연. 아 유 민경?	저는 소연이에요. 당신이 민경씨인가요?
Yes, I am Mingyeong. 예스, 아이 엠 민경	네, 제가 민경이에요.
You are pretty. 유 아 프리티	예쁘시네요.
Thanks. You are also cute. 땡스. 유 아 올소 큐트	고마워요. 당신도 귀여워요.
I am a lawyer. 아임 어 로이어	저는 변호사예요.
I am bored. 아임 보어드	지루해요.
Are you sure? 아 유 슈어?	확실해요(정말이에요)?
Yes, I am sure. 예스, 아이 엠 슈어	네, 확실해요(정말이에요).

New Words

pretty 예쁜
sure 확실한
lawyer 변호사
cute 귀여운
be bored 지루하다

One point 문법 – be 동사와 be 동사의 의문문, 부정문

be 동사란 우리말의 '~이다/있다'라는 뜻으로 be동사 뒤에 오는 형용사, 명사 등과 함께 주어를 설명합니다.
나에 대해서 얘기할 때는 1인칭 주어 I가 be동사 앞에 오게 되고 상대방에 대해서 얘기할 때는 2인칭 주어 you가 be동사 앞에 오게 됩니다.
be동사는 앞에 오는 사람의 인칭에 따라서 형태를 달리합니다. be는 기본형이고 I 뒤에서는 am으로, you 뒤에서는 are이 됩니다.

질문을 하고 싶을 땐 be동사를 문장의 맨 앞으로 빼주면 의문문이 되고, 부정문을 만들고 싶으면 be동사 뒤에 not을 붙이면 됩니다.

be 동사의 형태 변화

	I	You
be	am	are
의문문	Am I ~?	Are you~?
부정문	am not	are not

- **I am a writer.** 저는 작가예요.
- **You are Jaebeom.** 당신이 재범이군요.
- **Am I your girlfriend?** 제가 당신 여자 친구예요?
- **Are you a student?** 학생이세요?
- **No. I am a teacher.** 아니요. 저는 선생님이에요.
- **You are not a movie star.** 당신은 영화배우가 아니에요.

제1형식 (2)

제1형식 예문

주어 + 동사

The
- snow 눈이
- rain 비가
- heart 심장이
- clock 시계가

stopped. ____________ 멈추었다.

주어 + 동사 + 부사

This
- watch 시계는
- computer 컴퓨터는
- engine 엔진은

works well. 이 ________ 작동이 잘 된다.

주어 + 동사 + 부사구

My office is
- in Daegu. 대구에
- in China. 중국에
- near here. 근처에

내 사무실은 ________ 있다.

유도부사 + 동사 + 주어

There are a lot of
- people. 사람들이
- cars. 차들이
- buildings. 건물들이

많은 ________ 있다.

※ There는 유도부사로 해석을 하지 않습니다.

Self test!!

1. 다음 ( ) 안에 알맞은 형태의 be동사를 넣으시오.

1) I ( ) a teacher. 저는 선생님이에요.
2) ( ) you Jaebeom? 네가 재범이니?
3) I am ( ) Jaebeom. 저는 재범이 아니에요.

2. 다음 중 틀린 문장을 고르시오.

1) You are pretty.
2) Is I handsome?
3) You are not Jaebeom.
4) I am not tall.

3. 다음 질문의 대답으로 틀린 것을 고르시오.

〉〉 What is your name?

1) My name is Soyeon.
2) It is Soyeon.
3) I am Soyeon.
4) Your name is Soyeon.

4. 다음 질문의 대답으로 알맞은 것을 고르시오.

〉〉 What is your job?

1) I don't know. 2) I am Soyeon. 3) I am a teacher. 4) He is a farmer.

5. 다음 문장 중 be 동사가 잘못 쓰인 것을 고르시오.

1) I am a student.
2) Am you a teacher?
3) He is not handsome.
4) You are not tall.

6. 다음 표현과 의미가 비슷한 것을 고르시오.

〉〉 Glad to meet you.

1) See you soon. 2) Long time no see. 3) Nice to meet you. 4) So long.

Answer ❶ 1) am 2) Are 3) not ❷ 2) ❸ 4) ❹ 3) ❺ 2) ❻ 3)

계절과 요일에 관한 영단어

spring
봄 스프링

summer
여름 썸머-

autumn
가을 오-텀

winter
겨울 윈터

Sunday
일요일 선데이

Monday
월요일 먼데이

Tuesday

화요일 튜-즈데이

Wednesday

수요일 웬즈데이

Thursday

목요일 써-즈데이

Friday

금요일 프라이데이

Saturday

토요일 새터-데이

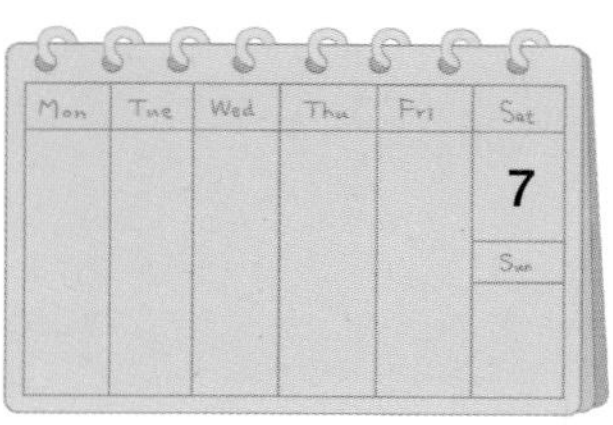

season

계절 씨-즌

anniversary

기념일 애너버-서리

birthday

생일 벌쓰데이

holiday

휴가 할러데이

— Day —
03

He is handsome.

그는 잘생겼어요

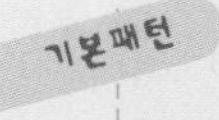

He is handsome.
She is cute.

Anna : He is handsome. Is he Tom Cruise?
히 이즈 **핸**섬. 이즈 히 **탐크**루즈?
그는 잘생겼어요. 그가 탐크루즈인가요?

Mark : No, he is not Tom Cruise.
노우, 히즈 **낫** 탐크루즈
아니요, 그는 탐크루즈가 아니에요.

Anna : Is he a movie star?
이즈 히 어 **무**비 **스**타?
그는 영화배우인가요?

Mark : No, He is a singer.
노우, 히 이즈 어 **싱**어
아니오, 그는 가수에요.

He is handsome. Is he Tom Cruise?

He is ~ 다음에 cute(귀엽다), ugly(못생겼다), nice(멋지다) 등의 형용사를 넣어서 '그 사람은 ~다'라고 말할 수 있고 Is he~? 다음에 이름을 넣어서 '그가 ~니?'라고 질문할 수 있습니다.
여성에 대해서 말하고 싶을 땐 he 자리에 she를 넣어서 사용하면 됩니다. 예를 들어, '그녀는 예뻐요'라고 하고 싶으면 She is pretty 라고 하면 됩니다.

No, he is not Tom Cruise.

Is he~?에 대한 답변으로 맞으면 Yes, he is Tom Cruise라고 할 수 있고 아닌 경우엔 No, he is not 또는 간단히 No라고 대답할 수 있습니다.

Is he a movie star?

Is he~? 뒤에 이름 외에도 형용사, 직업을 나타내는 명사 등을 넣어서 '그는 ~니?'라고 질문할 수 있습니다.
직업을 물었을 때 학생신분이라면 엄격하게는 job의 의미에 학생이 포함되어 있지 않지만, What do you do? '무슨 일을 하세요?', What is your job? '직업이 뭐예요?'라는 질문을 받았을 때 I'm a student '저는 학생입니다'라고 대답할 수는 있습니다. 특히 대학원생의 경우 자신의 연구에 대부분의 시간을 투자하고 있으므로 공부 자체가 직업이 될 수 있는 것입니다.

No, He is a singer.

Is he ~? 질문에 간단히 No라고 대답할 수 있고 다음과 같이 길게 대답할 수도 있습니다.

No, he is not a movie star.
No, he is not.

New words

handsome 잘생긴 **movie star** 영화 배우 **singer** 가수

활용 expression

She is cute.
Is she your daughter?
쉬 이즈 **큐**트. 이즈 쉬 유어 **도**러?

◀ 귀엽군요.
당신 딸인가요?

No, she is not my daughter.
노우, 쉬 이즈 **낫** 마이 **도**러

◀ 아뇨, 그녀는 제 딸이 아니에요.

She is my niece.
쉬 이즈 마이 **니**스

◀ 그녀는 제 조카에요.

Is he the president of the United States?
이즈 히 더 **프**레지던트 오브 유**나**이티드 스**테**이츠?

◀ 그가 미국의 대통령인가요?

No, He is the president of South Korea.
노우, 히 이즈 더 **프**레지던트 오브 **싸**우스 코**리**아

◀ 아니에요. 그는 한국 대통령이에요.

What is your job?
왓 이즈 유어 **잡**?

◀ 직업이 뭐예요?

I am a professor.
아이 엠 어 프로**패**서

◀ 저는 교수입니다.

I am in a grocery store.
아임 인 어 **그로**써리 스토어

◀ 식품점에 있어요.

daughter 딸
niece 조카
president 대통령
job 직업
What 무엇
professor 교수
grocery store 식품점

One point 문법 – 3인칭일 때의 be동사

앞에서 be동사는 주어의 인칭에 따라서 형태를 달리 한다고 했는데, He, She, Jaebeom 등의 3인칭(나와 상대방이 아닌 모든 것) 단수일 때는 be동사가 is가 됩니다.

의문문을 만들어 줄 때는 be동사의 3인칭 단수 형태인 is를 앞으로 빼주고, 부정문을 만들어 줄 때는 is 뒤에 not을 붙이면 됩니다. is not은 isn't로 줄일 수 있습니다.
She is(He is)를 She's(He's)로 줄일 수 있으므로 She is not을 She's not 또는 She isn't로 줄여서 쓸 수 있습니다.

3인칭 be동사를 이용한 의문문 · 부정문 만들기

	She / He
be	is
의문문	Is she(he)~?
부정문	is not

- **She is smart.** 그녀는 똑똑해요.
- **Is he a taxi driver?** 그는 택시기사예요?
- **No, he is not a taxi driver. He is a bus driver.**
  아니요, 그는 택시 기사가 아니에요. 그는 버스 기사예요.
- **She is not cute.** 그녀는 귀엽지 않아요.
- **He is tall.** 그는 키가 커요.
- **Is she your professor?** 그녀가 당신의 교수님이세요?

제2형식 (1)

2형식 문장은 주어+불완전자동사+보어를 기본 어순으로 하는 문장을 말합니다.
여기서 불완전 자동사란 1형식에 쓰인 완전 자동사와 달리 주어의 동작이나 상태를 수식해 주는 보어를 필요로 하는 동사를 말합니다.
주어를 수식하는 보어로 사용되는 품사는 명사, 대명사(주어와 동등 관계), 형용사(주어의 상태 설명), 현재분사(주어의 능동적인 동작) 등이 있습니다.

제2형식 기본구조

주어 + 동사 + 보어(명사)

He + is + a teacher. 그는 교사이다.
I + am + a singer. 나는 가수이다.

주어 + 동사 + 보어(대명사)

This bag + is + mine.
이 가방은 내 것입니다.

주어 + 동사 + 보어(형용사)

She + is + cute. 그녀는 귀엽다.
He + is + handsome. 그는 잘생겼다.

주어 + 동사 + 보어(현재분사)

The game + was + exciting.
게임은 흥미진진했다.

1. She is pretty의 부정문과 의문문으로 맞는 문장을 고르시오.

1) She isn't pretty. / Am she pretty?
2) She isn't pretty. / Is she pretty?
3) She is pretty. / Is she not pretty?
4) She is pretty not. / Is she pretty?

2. Is he your father?에 대한 알맞은 대답을 고르시오.

1) Is he your mother?　　2) Yes, he is.
3) No, he is.　　4) Yes, he is not my father.

3. (　) 안에 들어갈 알맞은 것을 고르시오.

〉〉 She (　　) my sister. 그녀는 내 여동생이 아니야.

1) is　　2) not　　3) not is　　4) isn't

4. 다음 (　)에 공통적으로 들어갈 알맞은 것을 고르시오.

〉〉 She (　　) cute. (　　) he lazy?

1) is　　2) was　　3) am not　　4) isn't

5. 다음 질문의 대답으로 알맞은 것을 고르시오.

〉〉 Is she your daughter?

1) No, she is.　　2) No, she are not.
3) Yes, she am not.　　4) Yes, she is.

6. 다음 질문의 대답으로 알맞은 것을 고르시오.

〉〉 Is he a taxi driver?

1) Yes, he are.　　2) No, he is not.
3) Yes, he am not.　　4) Yes, he is not.

Answer ❶ 2) ❷ 2) ❸ 4) ❹ 1) ❺ 4) ❻ 2)

신체에 관한 영단어

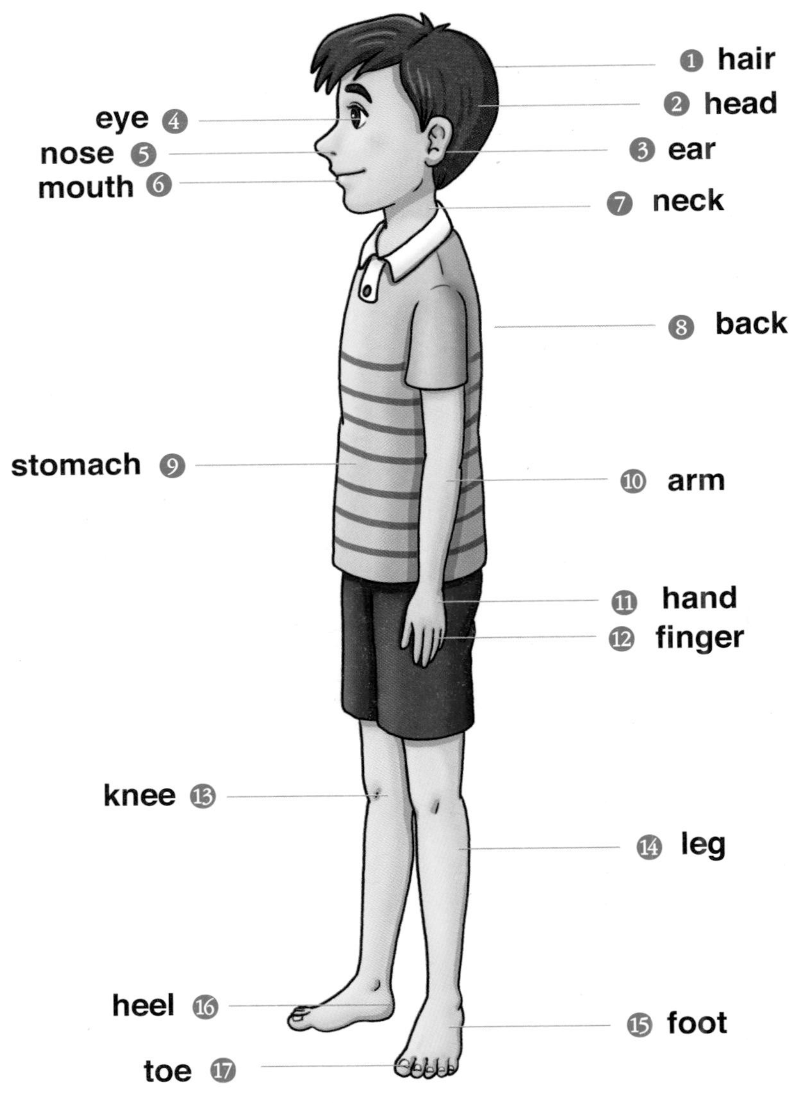

1 hair
2 head
3 ear
eye 4
nose 5
mouth 6
7 neck
8 back
stomach 9
10 arm
11 hand
12 finger
knee 13
14 leg
heel 16
15 foot
toe 17

1. **hair** 헤어 머리카락
2. **head** 헤드 머리
3. **ear** 이어 귀
4. **eye** 아이 눈
5. **nose** 노우즈 코
6. **mouth** 마우스 입
7. **neck** 넥 목
8. **back** 백 등
9. **stomach** 스터먹 복부
10. **arm** 암 팔
11. **hand** 핸드 손
12. **finger** 핑거 손가락
13. **knee** 니- 무릎
14. **leg** 레그 다리
15. **foot** 풋 발
16. **heel** 힐 발뒤꿈치
17. **toe** 토우 발가락

Day 04

They are supermodels.

그들은 슈퍼모델이에요

기본패턴

They are supermodels.
They are beautiful.

Anna : Look. They are coming here.

룩. 데이 아 커밍 히어

보세요. 그들이 이리로 오고 있어요.

Mark : Who are they? 그들이 누군데요?

후 아 데이?

Anna : They are supermodels! Aren't they beautiful?

데이 아 슈퍼 마들스! 안데이 뷰티풀?

슈퍼 모델이에요! 아름답지 않아요?

Mark : Yes, they are beautiful. 네, 아름다워요.

예스, 데이 아 뷰티풀

Look. They are coming here.

Look은 시선을 끌기 위하여 사용하는 말입니다. They are ~ing는 '그들이 ~하고 있다'는 뜻으로 run(뛰다), eat(먹다) 등의 동사를 넣어서 그들이 지금 하고 있는 일을 말할 수 있습니다.

Who are they?

Who는 누구냐는 뜻으로 뒤에 be동사와 인칭 대명사, 명사를 넣어서 '~는 누구입니까?' 라고 물어 볼 수 있습니다.
즉 Who 뒤에 be동사를 넣고 you, he(she), they 등을 넣어서 Who are you?, Who is he(she)? , Who are they? 등의 의문문을 만들 수 있습니다.

They are supermodels!

'그들은 ~다'라는 뜻으로 앞에서 본 I am~, You are~, He is~, She is~ 처럼 They are~ 뒤에 직업, 이름, 형용사 등을 넣어서 '그들은 ~다'라고 표현할 수 있습니다.
그들이 아닌 우리들에 대해서 말하고 싶을 때는 They 대신에 We를 써주면 됩니다.

Aren't they beautiful?

보통 흔하게 예쁘다고 표현할 때는 pretty를 사용합니다. cute는 일차적으로는 귀엽다는 뜻이지만 남녀 모두에게 사용되어 '외모가 멋진, 근사한' 등의 의미로 쓰입니다. beautiful은 아름답다는 표현으로 흔하게 예쁜 사람보다는 미인을 가리켜서 사용하고 gorgeous는 한층 그 정도를 더한 표현으로 정말 아름답고 매력적인 사람에게 사용합니다. 예쁜 연예인급 사람들에게 사용되는 단어가 gorgeous입니다.

Yes, they are beautiful.

Aren't they~?라고 물어도 Are they~?의 대답과 같은 대답을 하면 됩니다. 상대방의 의견에 동의하지 않는 경우, No, they are not이라고 직접적으로 부정하기 보다는 Well… '글쎄요'라고 완곡한 표현을 사용하는게 좋습니다.

Aren't they gorgeous?
안트 데이 골져스?

◀ 정말 매력적이지 않아요?

Well. They are pretty.
웰. 데이 아 프리티

◀ 글쎄요. 예쁘긴 하네요.

They are beautiful.
데이 아 뷰티풀

◀ 그들은 아름다워요.

Who are they?
후 아 데이?

◀ 그들이 누군가요?

They are my coworkers.
데이 아 마이 코워커스

◀ 직장동료에요.

They are all handsome.
데이 아 올 핸섬

◀ 그들은 모두 잘생겼네요.

Yes, they are.
They are humorous, too.
예스, 데이 아. 데이 아 유머러스, 투

◀ 네, 유머까지 있어요.

They are young and ambitious.
데이 아 영 앤 앰비셔스

◀ 그들은 젊고 야망이 있어요.

gorgeous 매우 예쁜, 매력적인
coworker 직장동료
beautiful 아름다운
humorous 유머가 있는
ambitious 야망이 있는
young 젊은

One point 문법 – be동사의 복수형

주어가 복수(we, you, they) 일 때는 be동사 are를 사용합니다.

의문문을 만들 경우, are를 문장 맨 앞으로 위치를 바꾸어 놓고 부정문을 만들 경우 are 뒤에 not을 붙여주면 됩니다. are not은 aren't로 줄일 수 있으므로 they are not은 they're not 또는 they aren't로 줄이면 됩니다.

복수일 때는 뒤에 명사도 복수형으로 바꿔줘야 합니다.

복수형 be동사를 이용한 의문문 · 부정문 만들기

	we, you, they
be	are
의문문	Are we/you/they~?
부정문	are not

- **We are junior high school students.**
  우리는 중학생이에요.
- **You are not highschool students.**
  당신들은 고등학생이 아니에요.
- **Are they models?**
  그들은 모델이에요?
- **No, they are photographers.**
  아뇨, 사진 작가들이에요.
- **We are smart.**
  우리는 똑똑해요.

제2형식 (2)

제2형식에 대한 예문을 더 자세히 알아봅시다.

제2형식 예문

주어 + 동사 + 보어(명사)

He is
- **a doctor.** 의사
- **a singer.** 가수
- **a dentist.** 치과의사
- **a dancer.** 댄서

그는 ________ 이다.

주어 + 동사 + 보어(대명사)

This is
- **mine.** 나의 것
- **yours.** 너의 것
- **hers.** 그녀의 것
- **ours.** 우리의 것

이것은 ________ 이다.

주어 + 동사 + 보어(형용사)

She is
- **cute.** 귀엽다
- **ugly.** 못생겼다
- **attractive.** 매력적이다
- **beautiful.** 아름답다

그녀는 ________

주어 + 동사 + 보어(현재분사)

The book is
- **boring.** 지루하다
- **interesting.** 재미있다
- **exciting.** 흥미롭다

그 책은 ________

Self test!!

1. 다음 중 올바른 문장을 고르시오.

1) You is good.
2) They isn't pretty.
3) You aren't student.
4) They are student.

2. '그들은 예쁘니?'의 뜻을 가진 문장을 고르시오.

1) They are pretty. 2) We are pretty. 3) Are you pretty? 4) Are they pretty?

3. 다음 질문의 대답으로 틀린 것을 고르시오.

〉〉 Are they your friends?

1) No, they are not my friends.
2) Yes, they are.
3) Yes, you are.
4) No.

4. ( ) 안에 알맞은 be동사를 넣으시오.

1) They ( ) my roommates. 그들은 내 룸메이트야.
2) ( ) you students? 너희들은 학생이니?
3) We ( ) students. 우리들은 학생이 아니에요.

5. 다음 중 잘못된 문장을 고르시오.

1) They are supermodels.
2) They are singers.
3) You're not a student.
4) They are dancer.

6. 다음 문장을 영어로 알맞게 옮긴 것을 고르시오.

〉〉 그들은 한국인이 아닙니다.

1) They is not Korean.
2) They are not Koreans.
3) They not are Koreans.
4) They are Koreans.

Answer  ❶ 3) ❷ 4) ❸ 3) ❹ are, Are, are not  ❺ 4) ❻ 2)

색에 관한 영단어

light green
연두색 라이트 그린

red
빨강 레드

orange
주황 오-린쥐

yellow
노랑 옐로우

green
초록 그린

blue
파랑 블루-

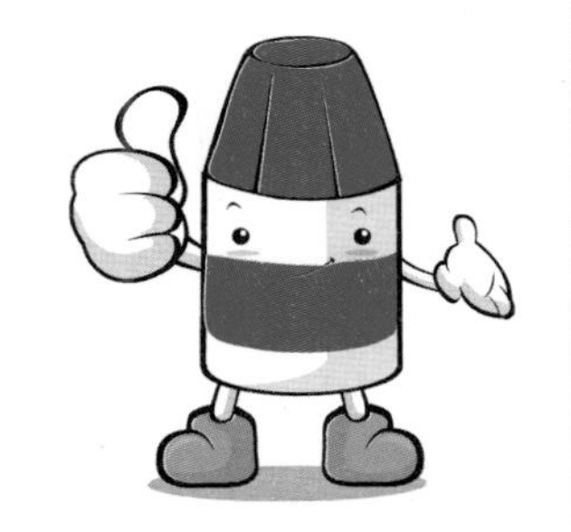

sky blue

하늘색 스카이 블루-

purple

보라 퍼-플

black

검정 블랙

white

흰색 화이트

gray

회색 그레이

beige

베이지색 베이지

navy blue

짙은 청색 네이비 블루

brown

갈색 브라운

pink

분홍 핑크

Were you sick yesterday?

어제 아팠어요?

기본패턴

I was sick.
I was happy.

Mark : I was not at school yesterday.
아이 워즈 **낫** 앳 스**쿨** **예**스터데이
저는 어제 학교에 있지 않았어요.

Anna : Were you sick yesterday? 어제 아팠어요?
워 유 **씩** **예**스터데이?

Mark : Yes, I was sick. 네, 아팠어요.
예스, **아**이 워즈 **씩**

Anna : I am sorry to hear that. Are you okay now?
아임 **쏘**리 투 **히**어 뎃. 아 유 **오**케이 나우?
유감이에요. 지금은 괜찮아요?

Mark : Yes, I am fine. Thanks.
예스, 아이 엠 **파**인. **땡**쓰
네, 괜찮아요. 고마워요.

I was not at school yesterday.

I was not at 뒤에 장소를 넣어서 '나는 ~에 있지 않았다'라고 표현할 수 있습니다.
I'm in~ '현재 ~에 있다'라는 표현에서 1인칭 나에 해당하는 현재형 be동사 am을 과거형 was로 바꾸어주면 '과거에 ~에 있었다'라는 표현이 됩니다.
'~하지 않았다'는 부정형을 만들어 줄 때 be동사 뒤에 not을 붙이면 되므로 was not이 되고 줄여서 wasn't라고 합니다.

Were you sick yesterday?

Are you~?와 같은 용법에서 2인칭 '너'의 현재형 be동사 'are'를 과거형 were로 만들어 주면 과거의 일로 표현할 수 있습니다.
문장 맨 뒤에 yesterday(어제), last Sunday(지난 일요일) 등을 써서 과거의 구체적인 때를 나타낼 수 있습니다.

Yes, I was sick.

I am sick은 현재 아픈 상태를 나타내며 be동사를 과거형으로 만들어 '과거에 아팠었다'는 표현으로 I was sick이라고 할 수 있습니다.

I am sorry to hear that.

sorry는 '미안하다'는 뜻으로 대체로 가볍게 사과할 경우 사용합니다. sorry의 또 한가지 많이 쓰이는 용법으로 상대방이 나쁜 상황에 처해 있거나 예문에서처럼 아팠거나 했을 경우 이에 대한 유감을 표현할 때 I am sorry to hear that이라고 말해서 상대방에게 마음을 전하는데 사용합니다.

New words

school 학교 **sick** 아프다 **yesterday** 어제 **now** 지금

활용 expression

Lecture

I was not at the concert last night.
아이 워즈 낫 엣 더 콘서트 라스트 나잇

◀ 저는 어젯밤에 콘서트장에 있지 않았어요.

Were you sick last night?
워 유 씩 라스트 나잇?

◀ 어젯밤에 아팠어요?

No, I was at my friend's birthday party.
노우, 아이 워즈 엣 마이 프렌즈 벌쓰데이 파티

◀ 아니요, 친구 생일파티에 있었어요.

Were you happy when you were with him?
워 유 해피 웬 유 워 윗 힘?

◀ 그와 함께 있을 때 행복했어요?

Yes, I was happy.
예스, 아이 워즈 해피

◀ 네, 행복했어요.

I used to be happy with him.
아이 유스트 비 해피 윗 힘

◀ 그와 같이 있을 때 행복했었어요.

I wasn't feeling good.
아이 워즌 필링 굿

◀ 몸이 안 좋았어요.

concert 콘서트
birthday 생일
good 좋은
last night 어젯밤
party 파티
friend 친구
happy 행복한

One point 문법 – Be동사의 과거형

과거를 나타낼 때 과거 시제를 표시하는 요소는 문장의 동사입니다.
be동사의 경우 be동사를 과거형으로 바꾸어주면 됩니다. 단수형 be 동사들인 am, is의 과거형은 was, 복수형 be 동사인 are의 과거형은 were입니다.
과거의 일에 대해 질문을 할 때는 역시 과거형 be동사를 문장 앞으로 보내고, 부정문을 만들 때는 과거형 be동사 뒤에 not을 붙여주면 됩니다.
was not의 축약형은 wasn't, were not의 축약형은 weren't입니다.

be 동사의 과거형

	현재	과거
I	am	was
You	are	were
She / He	is	was

- **Cindy was my best friend.** 신디는 제 가장 친한 친구였어요.
- **He was my boyfriend.** 그는 제 남자친구였어요.
- **Was he handsome?** 그는 잘생겼어요?
- **No, he was not handsome.** 아니요, 잘 생기지 않았어요.
- **Were you a waiter here?** 당신은 이곳 웨이터였어요?
- **No, I was not.** 아니요. 저는 아닙니다.

제3형식 (1)

제3형식 문장은 주어 + 완전타동사 + 목적어를 기본 어순으로 하는 문장을 말합니다.
여기서 완전타동사란 주어가 나타내는 동작의 대상물, 즉 목적어를 필요로 하는 동사를 말합니다.
목적어 자리에는 명사, 대명사, 명사구, 명사절 등이 올 수 있습니다.

제3형식 기본구조

주어 + 타동사 + 목적어(명사)

He + likes + baseball. 그는 야구를 좋아한다.
I + hate + swimming. 나는 수영을 싫어한다.

주어 + 타동사 + 목적어(대명사)

I + love + you.
나는 당신을 사랑한다.

주어 + 타동사 + 목적어(명사구)

She + knows + how to use this coffee maker.
그녀는 이 커피 메이커의 사용법을 안다.

주어 + 타동사 + 목적어(명사절)

I + don't know + what this is.
나는 이것이 무엇인지 모르겠다.

● 주요 완전타동사

believe ~을 믿다	**cut** ~을 자르다	**decide** ~을 결정하다	**do** ~을 하다
eat ~을 먹다	**finish** ~을 끝내다	**get** ~을 얻다	**have** ~을 가지다
hope ~을 희망하다	**like** ~을 좋아하다	**love** ~를 사랑하다	**make** ~을 만들다

1. 다음 중 올바른 문장을 고르시오.

1) I was happy.
2) You was happy.
3) She were sad.
4) He am good.

2. 다음 중 과거형으로 고친 문장이 틀린 것을 고르시오.

1) I am a student. ➔ I was a student.
2) You are a teacher. ➔ You was a teacher.
3) He is nice. ➔ He was nice.
4) She is good. ➔ She was good.

3. 다음 질문의 대답으로 틀린 것을 고르시오.

〉〉 Are you feeling okay?

1) I am fine.
2) I am good.
3) I am sorry.
4) I am okay.

4. 다음 질문의 대답으로 알맞은 것을 고르시오.

〉〉 Were you sick yesterday?

1) Yes, I am fine.
2) No, I am not.
3) Yes, I was.
4) No, I was.

5. 다음 가로 안에 be동사의 과거형을 써넣으시오.

1) am - ☐
2) are - ☐
3) is - ☐

6. 다음 질문에 대한 대답으로 틀린 것을 고르시오.

〉〉 Are you happy?

1) Yes, I am.
2) No, I am not.
3) No.
4) Yes, I was.

Answer ❶ 1) ❷ 2) ❸ 3) ❹ 3) ❺ 1) was 2) were 3) was ❻ 4)

취미에 관한 영단어

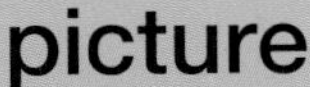

picture
그림 픽처-

design
디자인 디자인

cartoon
만화 카-튠

photograph
사진 포터그라프

movie
영화 무-비

music
음악 뮤-직

guitar
기타 기타-

song
노래 송

drum
드럼 드럼

ballet
발레 밸레이

cello
첼로 첼로우

dance
춤 댄스

fishing
낚시 피싱

mountaineering
등산 마운티니어링

picnic
소풍 피크닉

What is this?

이것은 무엇입니까?

What is this?
What is that?

Anna : **Excuse me. What is this?**
익스큐즈 미. 왓 이즈 디스?
실례합니다. 이것은 무엇입니까?

Mark : **This is a CD player.**
디스 이즈 어 씨디 플레이어
이것은 씨디 플레이어예요.

Anna : **That one is cool. What is that?**
댓 원 이즈 쿨. 왓 이즈 댓?
저것 멋지네요. 뭐예요?

Mark : **That is an MP3 player.**
댓 이즈 언 엠피 쓰리 플레이어
저것은 MP3예요.

Excuse me. What is this?

Excuse me는 상대방의 주의를 끌 때 사용합니다. 거리에서 모르는 사람에게 길을 묻거나 가게에 들어가 점원에게 질문을 할 때 Excuse me라고 하면 대부분 돌아보므로 그 때 질문을 하면 됩니다.
What is this?는 상점에서 물건을 고를 때, 설명이 필요하면 점원에게 사용할 수 있는 좋은 표현입니다. 물론 this 이기 때문에 본인 가까이 있는 물건을 가리키면서 사용하며, 상대방 가까이 있는 물건이라면 what is that?이라고 that을 사용하면 됩니다.

This is a CD player.

위에서 잠시 설명했던 것처럼 대표적인 지시 대명사로 사물을 가리킬때 사물이 말하는 사람과 듣는 사람의 어느 쪽에 가까운가에 따라 this와 that을 사용합니다.
This is~ '이것은 ~입니다'는 말하는 사람과 가까운 곳에 있는 사람, 사물, 장소 등을 가리킬 때 사용하고 That is~는 듣는 사람과 가까운 곳에 있는 사람, 물건 등을 가리킬 때 사용합니다.

That one is cool. What is that?

one은 지시대명사의 한 종류이나, this, that이 특정 사물을 가리키는 것에 반해 one은 특정하지 않은, 일반적인 명사를 대신할 때 사용합니다. 예를 들어 상점에서 신기한 물건을 봤는데 그 물건을 뭐라고 할 지 잘 모를 때 그냥 What is that?이라고 물건 자체를 that으로 지칭할 수도 있지만, What is that one?이라고 하면 명사를 불특정 대명사, one으로 대신한 셈이어서 명사의 의미가 좀 더 강조됩니다.
cool은 일차적인 의미로 날씨의 청량함을 의미하지만 물건, 사람에 대해서 사용될 때는 '훌륭한, 근사한, 멋진' 등의 뜻을 가집니다. 기온을 나타내는 hot과 cool이 사람에 대해 사용될 때는 모두 '매력적인, 멋진'의 뜻을 갖는다는 것이 재미있습니다.

New words

excuse 실례하다
one 하나
CD player 씨디 플레이어
cool 멋진
MP3 player 엠피쓰리

Is this your book?
이즈 **디**스 유어 **북**?
◀ 이거 당신 책이에요?

No, This is my sister's book.
노우, **디**스 이즈 마이 **시**스터스 북
◀ 아니요, 여동생 책이예요.

Is this your notebook?
이즈 **디**스 유어 **놋**북?
◀ 이것이 당신 노트에요?

No, That is my notebook.
노우, **댓** 이즈 마이 **놋**북
◀ 아니요, 저것이 제 노트에요.

That is thick!
댓 이즈 **씩**!
◀ 저것은 두껍네요!

This is my best friend, Jaebeom.
디스 이즈 마이 **베**스트 **프**렌, 재범
◀ 여기는 제일 친한 친구, 재범이에요.

This is my girl friend, Mina.
디스 이즈 마이 **걸**프랜, **민**아
◀ 여기는 제 여자 친구, 민아예요.

book 책
thick 두꺼운
best 최고의
best friend 가장 친한 친구
girl friend 여자 친구

One point 문법 – 지시대명사의 단수형

지시대명사 단수형에 따른 be동사와의 관계에 대해서 알아보겠습니다.

우선, 지시대명사란 무언가를 가리키는 대명사로 this, that이 여기에 해당되고 this는 보통 손에 닿을 만큼 가까이 있을 경우에 사용하고 that은 this 보다 먼 거리에 있을 경우에 사용합니다. This(이것), That(저것) 모두 물체가 하나일 때 사용하므로 단수이고 나와 상대를 제외한 제3의 사람, 물건, 장소 등을 가리키므로 3인칭이 됩니다. 따라서 This와 That의 be동사는 3인칭 단수 형태의 is가 됩니다.

단수형 지시대명사와 be동사

지시대명사(3인칭 단수)	be동사
This	is
That	

- **This is my book.** 이것은 제 책이에요.
- **This is my teacher.** 이 분이 제 선생님이에요.
- **That is perfume.** 저것은 향수예요.
- **That is a chair.** 저것은 의자예요.
- **This is a desk.** 이것은 책상이에요.
- **This is my brother.** 이 아이는 제 남동생이에요.
- **That is my sister.** 저 아이는 제 여동생이에요.

제3형식 (2)

제3형식 예문

주어 + 타동사 + 목적어(명사)

I love my
- **family.** 가족을
- **country.** 조국을
- **home.** 가정을
- **company.** 회사를

나는 나의 ________ 사랑한다.

주어 + 타동사 + 목적어(대명사)

He loves
- **this.** 이것을
- **her.** 그녀를
- **it.** 이것을
- **them.** 그들을

그는 ________ 을 사랑한다.

주어 + 타동사 + 목적어(명사구)

I know
- **what to say.** 무슨 말을 해야 할 지를
- **what to do.** 무엇을 해야 할 지를
- **how to use.** 사용법을
- **how to get there.** 그곳에 가는 방법을

나는 ________ 을 안다.

주어 + 타동사 + 목적어(명사절)

I think
- **she is sick.** 그녀가 아프다고
- **you are right.** 네가 옳다고
- **that is not enough.** 그것은 충분하지 않다고

나는 ________ 생각한다.

1. '이것은 컴퓨터입니다'를 영어로 알맞게 옮긴 것을 고르시오.

1) That is computer.
2) This is a computer.
3) That computer is.
4) This computer is.

2. 다음 중 틀린 문장을 고르시오.

1) This is good.
2) That is cool.
3) This are nice.
4) That's nice.

3. 다음 대화 사이에 들어갈 알맞은 문장을 고르시오.

>> This is Jane.
( )
Nice to meet you.

1) That are Tom.
2) Nice to meet you.
3) This is Tom.
4) This isn't Tom.

4. 다음 ( )에 들어갈 알맞은 말을 쓰시오.

>> This ( ) a book.

5. 다음 질문의 대답으로 알맞은 것을 고르시오.

>> What is this?

1) This is a cool.
2) That is mine.
3) This is a pen.
4) That's nice.

6. 다음 질문의 대답으로 알맞은 것을 고르시오.

>> What is that?

1) That is a book.
2) This is a notebook.
3) That are desk.
4) I am with Samsung.

Answer ❶ 2) ❷ 3) ❸ 3) ❹ is ❺ 3) ❻ 1)

의복에 관한 영단어

suit
양복 슈트

jacket
상의 쟈켓

coat
코트 코트

skirt
치마 스커트

jeans
청바지 진스

swimsuit
수영복 스윔수트

sweater
스웨터 스웨터

cardigan
가디건 카디건

vest
조끼 베스트

shorts
반바지 숏츠

underwear
속옷 언더웨어

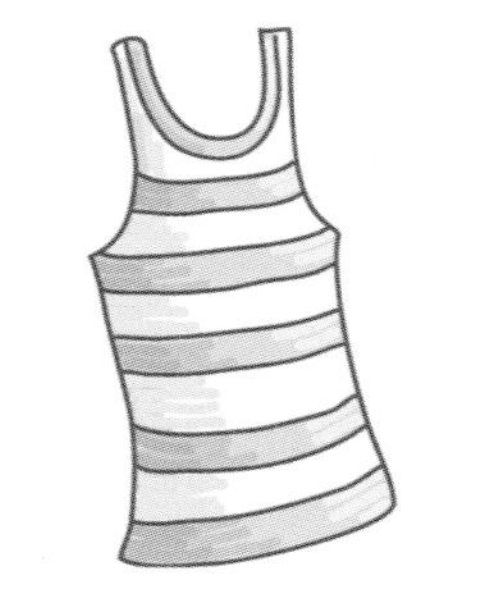

T-shirt
티셔츠 티-셔츠

pajamas
잠옷 파제마

pants
바지 팬츠

overalls
멜빵바지 오버롤

Day 07

What are these?

이것들은 무엇입니까?

What are these?
What are those?

Anna : **What are these?** 이것들은 뭐예요?
왓 아 디즈?

Mark : **These are your birthday gifts.**
디즈 아 유아 벌쓰데이 기프츠
이것들은 당신 생일 선물이에요.

Anna : **Oh, Thank you. What about those?**
오, 땡큐. 왓 어바웃 도즈?
아. 고마워요. 저것들은요?

Mark : **Those are for your twin sister.**
도즈 아 포 유아 트윈 시스터
저것들은 당신의 쌍둥이 여동생을 위한 거예요.

What are these?

What is this?가 '이것은 무엇이죠?'라고 하나를 지칭하여 물어보았다면 What are these?는 '이것들은 무엇이죠?'라는 뜻으로, 지칭하는 사물이 여러 개일 때 물어보는 것입니다.
These는 this의 복수형으로 this와 같은 용법으로 사용됩니다. 복수형을 사용함에 따라 be 동사도 복수형인 are로 바꾸어줘야 합니다.

This	is
These	are

These are your birthday gifts.

These are~ '이것들은 ~들이다'는 This is ~ '이것은 ~이다'의 복수형입니다. These는 가리키는 사물이 하나 이상일 때 사용합니다. This가 These로 복수형으로 바뀜에 따라 is가 복수형인 are로 바뀌었습니다.

What about those?

What are those?를 사용해도 되고 How about those?, What about those?를 사용해도 됩니다.
What are those?는 What is that? '저것은 무엇이니?'의 복수형으로, that이 복수형인 those로 바뀜에 따라 be 동사도 단수형인 is에서 복수형인 are로 바꿔서 사용하면 됩니다.
앞에서 한번 What are these? '이것들이 무엇이니?'라고 물었기 때문에 반복을 피하기 위하여 What about(How about) those?를 사용하였습니다.

That	is
Those	are

Those are for your twin sister.

Those are~ '저것들은 ~이다'는 That is~ '저것은 ~이다'의 복수형으로 육안으로는 볼 수 있지만 these 보다는 먼 물건들을 가리킬 때 사용합니다.

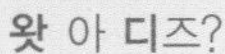

활용 expression

Lecture

What are these?
왓 아 디즈?

◀ 이것들은 뭐에요?

These are my textbooks for school.
디즈 아 마이 텍스트북스 포 스쿨

◀ 제 학교 교과서에요.

What are those?
왓 아 도즈?

◀ 저것들은 뭐에요?

Those are books for the SAT.
도즈 아 북스 포 더 에스에이티

◀ 미국 수능 시험을 위한 책들이에요.

These are so delicious. What are these?
디즈 아 쏘 딜리셔스. 왓 아 디즈?

◀ 정말 맛있네요. 이게 뭐예요?

These are Korean cookies.
디즈 아 코리안 쿠키즈

◀ 한국 과자예요.

These are my kids.
디즈 아 마이 키즈

◀ 제 아이들이에요.

New Words

textbook 교과서
delicious 맛있는
SAT 미국 수능 시험
Korean 한국의
sister 여동생
food 음식
so 매우
kid 아이

One point 문법 – 지시대명사의 복수형

하나 이상의 것을 가리킬 때 these와 those를 사용합니다.
말하는 사람 가까이에 지칭할만한 사람이나 사물이 하나 이상 있을 때 this의 복수형인 these를 쓰고, 듣는 사람 가까이에 지칭할만한 사람이나 사물이 하나 이상 있을 때 that의 복수형인 those를 씁니다. 주어의 수와 be 동사의 형태가 일치하도록 be 동사는 복수형 are를 사용합니다. 그리고 these, those 뒤에 오는 명사도 복수 형태가 되어야 합니다.

복수형 지시대명사와 be동사

복수형 지시대명사	be 동사
These	are
Those	are

- Those are **my relatives.** 저 사람들은 제 친척들이에요.
- These are **my classmates.** 이 사람들은 우리 반 친구들이에요.
- These are **so good.** 이것들은 정말 좋아요.
- Those are **ugly.** 저것들은 못생겼어요.
- Those are **fantastic.** 저것들은 정말 멋져요.
- These are **clean.** 이것들은 깨끗해요.
- Those are **my books.** 저것들은 제 책들이에요.

제4형식 (1)

4형식 문장은 주어 + 동사 + 간접목적어 + 직접목적어를 기본 어순으로 하는 문장을 말합니다.
동사는 완전타동사 중 수여동사가 사용됩니다. 수여동사란 두 개의 목적어를 취하는 타동사로, 주어는(은) 간접목적어(에게) 직접목적어를(을) 동사(해주었다)의 형태로 해석됩니다.

제4형식 기본구조

주어 + (수여)동사 + 간접목적어 + 직접목적어(명사)

He + gave + me + a chocolate.
그는 나에게 초콜렛을 주었다.

주어 + (수여)동사 + 간접목적어 + 직접목적어(명사+수식어)

They + showed + me + the way to the river.
그들은 나에게 강으로 가는 길을 알려주었다.

주어 + (수여)동사 + 간접목적어 + 직접목적어(명사구)

She + taught + me + how to use this coffee maker.
그녀는 이 커피 메이커의 사용법을 나에게 가르쳐주었다.

주어 + (수여)동사 + 간접목적어 + 직접목적어(명사절)

She + could not tell + her friend + how sad she was.
그녀는 친구에게 그녀가 얼마나 슬펐는지 말할 수 없었다.

- 주요 (수여)동사

ask ~에게 ~을 묻다	**buy** ~에게 ~을 사주다	**give** ~에게 ~을 주다
lend ~에게 ~을 빌려주다	**make** ~에게 ~을 만들어주다	**sell** ~에게 ~을 팔다
send ~에게 ~을 보내다	**show** ~에게 ~을 보여주다	**teach** ~에게 ~을 가르치다

Self test!!

1. 단수형과 복수형 지시대명사를 연결해보시오.

1) This is
2) That is

Ⓐ Those are
Ⓑ These are

2. 다음 중 틀린 문장을 고르시오.

1) This is my books.
2) That is cool.
3) Those are pretty.
4) These are good.

3. (　　)에 들어갈 알맞은 것을 고르시오.

〉〉 (　　) are my books. 이것들은 제 책이에요.

1) These
2) Those
3) That
4) This

4. 네모 안에 해당하는 be동사를 넣으시오.

1) These ➔ ☐　　2) That ➔ ☐　　3) Those ➔ ☐

5. 다음 질문의 대답으로 알맞은 것을 고르시오.

〉〉 What are those?

1) This is a book.
2) That is a computer.
3) Those are bikes.
4) These are pens.

6. 다음 중 알맞은 문장을 고르시오.

1) This are watches.
2) These is a balls.
3) That is cups.
4) Those are cars.

Answer ❶ 1) Ⓑ 2) Ⓐ　❷ 1)　❸ 1)　❹ 1) are　2) is　3) are　❺ 3)　❻ 4)

거실에 관한 영단어

living room
거실 리빙룸

floor
거실 마루(바닥) 플로어-

wall
벽 월

stove
난로 스토우브

sofa
소파 소우퍼

table
테이블 테이블

window
창문 윈도우

carpet
카펫 카-핏

curtain
커튼 커-튼

bookcase
책장 북케이스

ceiling
천장 실링

television
텔레비전 텔레비전

photograph
사진 포터그라프

frame
액자 프레임

radio
라디오 레디오

— Day —
08

How old are you?

몇 살이세요?

기본패턴

How old are you?
How old is she?

Anna : How old are you?
하우 오울드 아 유?
몇 살이세요?

Mark : I am 25 years old. And you?
아이 엠 투에니 파이브 이어즈 올드. 앤 유?
25살이에요. 당신은요?

Anna : You look so young. I am 23.
유 룩 소 영. 아이 엠 투에니 쓰리
정말 어려보여요. 저는 23살이에요.

Mark : Thanks. You look young, too.
땡쓰. 유 룩 영 투
고마워요. 당신도 어려보여요.

How old are you?

How old are you?라고 상대방의 나이를 물어볼 수 있고 상대방이 아닌 제 3자의 나이를 물어보고 싶을 땐 you를 he(she)로 바꾸고 be동사를 3인칭 단수 be동사인 is로 바꿔서 사용할 수 있습니다.
동물들은 성에 따라서 he나 she로 호칭 합니다. 따라서 강아지가 수컷 강아지면 How old is he?로 암컷이면 How old is she?로 물어보면 됩니다.
생명체뿐만 아니라 물건의 나이, 세월 역시 물어볼 수 있습니다. 예를 들어, 시계가 얼마나 오래되었는지를 How old is your watch?로 나타낼 수 있습니다.

I am 25 years old. And you?

How old are you?라고 물었을 때 I'm ~ years old라고 하고 ~에 숫자를 넣어서 나이를 말할 수 있습니다.
I am 25나 25 등으로 짧게 말할 수도 있으나 예의를 차리거나 면접 등을 볼 때는 I am 25 years old를 사용하고 보통 가장 많이 사용하는 표현입니다.

You look so young.

You look~은 '당신은 ~하게 보입니다'라는 표현으로 old(나이든), good(좋은), pretty(예쁜) 등의 다른 형용사를 써서 달리 표현할 수 있습니다. 형용사 앞에 so(매우)를 써서 '정말 어려보입니다'라고 표현 할 수 있고 so 이외에 very(매우), really(정말) 등을 쓸 수 있습니다.

Thanks. You look young, too.

한국에서는 칭찬을 들었을 땐 겸손하게 '아니에요'라고 대답하는 것이 예의바르게 여겨질 수 있으나 영어권 사람들은 바로 Thanks나 Thank you 정도로 감사의 표시를 합니다. 그리고 상대방에 대한 가벼운 칭찬을 되돌려 줍니다.

New words

How 얼마나 **old** ~살의 **year** 년 **look** 보다, ~처럼 보이다

활용 expression

Lecture

She looks very pretty. How old is she?
쉬 룩스 베리 프리티. 하우 오울드 이즈 쉬?

◀ 그녀는 정말 예쁘네요. 몇 살이에요?

She is 32 years old.
쉬 이즈 써리 투 이어즈 오울드

◀ 그녀는 32살이에요.

How old is your dog?
하우 오울드 이즈 유어 독?

◀ 당신의 개는 몇 살인가요?

He is 2 years old.
히즈 투 이어즈 오울드

◀ 2살이에요.

How old is this building?
하우 오울드 이즈 디스 빌딩?

◀ 이 빌딩은 얼마나 되었나요?

It is 200 years old.
잇 이즈 투 헌드레드 이어즈 오울드

◀ 이 빌딩은 200년 되었어요.

How do you like it?
하우 두 유 라이킷?

◀ 이거 어떠세요?

I like it very much.
아이 라이킷 베리 머취

◀ 정말 좋은데요.

dog 개 **building** 빌딩

One point 문법 – How 용법

'얼마나/어떻게'와 같은 정도를 물어보고 싶을 때 how를 사용할 수 있습니다. How old~?는 '나이가 얼마나 되냐?'는 말로 나이를 물어볼 때 사용하는 말이고 How much is it?은 '가격이 얼마나 되냐?'는 말로 가격을 물어볼 때 사용하는 표현입니다.

How를 사용한 다양한 표현과 답변

A **How do you like it?** 이것 좋아하십니까?

B **I like it so much.** 아주 좋아해요

A **How old are you?** 몇 살이에요?

B **I am 21 years old.** 21살이에요.

A **How much is it?** 이거 얼마예요?

B **It is 20,000 won.** 2만원이에요.

A **How long does it take?** 얼마나 걸려요?

B **It takes two hours.** 두 시간 걸려요.

A **How is your mother?** 어머니는 어떠세요?

B **She is fine.** 잘 지내세요.

A **How many times a day do you wash your hands?**
하루에 몇 번 손을 씻으세요?

B **I washed about 10 times a day.**
하루에 10번 정도 씻어요.

제4형식 (2)

제4형식 예문

주어 + (수여)동사 + 간접목적어 + 직접목적어(명사)

_______에게 _______ 를 주시겠습니까?

Would you give
- **me your coat?** 나에게 당신의 코트를
- **her your seat?** 그녀에게 당신의 자리를
- **him your ticket?** 그에게 당신의 표를
- **them your food?** 그들에게 당신의 음식을

주어 + (수여)동사 + 간접목적어 + 직접목적어(명사+수식어)

제게 ___________ 가는 길을 알려주시겠습니까?

Would you show me the way to
- **the post office?** 우체국
- **the hotel?** 호텔
- **city hall?** 시청

주어 + (수여)동사 + 간접목적어 + 직접목적어(명사구)

제게 ___________ 사용법을 가르쳐 주시겠습니까?

Would you teach me how to use
- **this machine?** 이 기계의
- **this laptop?** 이 노트북의
- **this fax?** 이 팩스의

주어 + (수여)동사 + 간접목적어 + 직접목적어(명사절)

그는 나에게 __________ 얼마나 멋졌는지 말해주었다.

He told me how wonderful
- **the tour was.** 여행이
- **hiking was.** 하이킹이
- **the party was.** 파티가

Self test!!

1. **다음 질문의 대답으로 틀린 것을 고르시오.**

〉〉 How do you like it?

1) I like it very much. 2) I don’t like it. 3) I love it. 4) I was like it.

2. **다음 영어를 우리말로 알맞게 해석한 것을 고르시오.**

1) How much is it?	Ⓐ 그는 몇 살이에요?
2) How old are you?	Ⓑ 얼마예요?
3) How do you like it?	Ⓒ 당신은 몇 살이에요?
4) How old is he?	Ⓓ 이거 어떠세요?

3. **다음 질문의 대답으로 틀린 것을 고르시오.**

〉〉 How old are you?

1) I’m 21 years old. 2) You’re 21 years old. 3) I’m 21. 4) I am 21 years old.

4. **다음 질문의 대답으로 알맞은 것을 고르시오.**

〉〉 How is the weather today?

1) It’s late. 2) It takes 2 hours. 3) It’s very difficult. 4) It’s sunny.

5. **다음 질문의 대답으로 알맞은 것을 고르시오.**

〉〉 How is your mother?

1) That sounds great. 2) She are fun. 3) It’s very good. 4) She is fine.

6. **다음 질문의 대답으로 알맞은 것을 고르시오.**

〉〉 How are you?

1) I don’t like it. 2) I’m fine. 3) How do you do? 4) Bye.

Answer  ❶ 4 ❷ 1) Ⓑ 2) Ⓒ 3) Ⓓ 4) Ⓐ  ❸ 2) ❹ 4) ❺ 4) ❻ 2)

침실과 욕실에 관한 영단어

bedroom
침실 베드룸

bed
침대 베드

pillow
베개 필로우

sheet
시트 시트

chest
장롱 체스트

phone
전화 포운

bathroom
욕실 베쓰룸

bathtub
욕조 베쓰터브

sink
세면대 싱크

shower
샤워기 샤우어-

toilet
화장실변기 토일릿

towel
수건 타월

toilet paper
화장지 토일릿 페이퍼-

mirror
거울 미러-

soap
비누 소우프

She likes a watermelon.

Day 09

그녀는 수박을 좋아해요

기본패턴 **She likes a watermelon.**
I like it.

Anna : I want to buy a watermelon. 수박을 사고 싶어요.
아이 원 투 바이 어 워러멜론

Mark : Do you like a watermelon? 수박 좋아하세요?
두 유 라잌 어 워러멜론?

Anna : Yes, I like it. Do you? 네, 좋아해요. 수박 좋아하세요?
예쓰, 아이 라이킷. 두 유?

Mark : No, But my girlfriend loves it.
노우, 벗 마이 걸프렌드 러브즈 잇
아니요. 하지만 여자 친구가 수박을 정말 좋아해요.

I want to buy a watermelon.

want to ~ 뒤에 동사 기본형을 넣어서 하고 싶은 일을 나타내는 문장으로 I want to buy~는 '~을 사고 싶다'는 표현이 됩니다.
want to가 축약되어 wanna라고 발음하기도 하는데 회화체에서 많이 사용합니다.
단, 축약형은 어디까지나 캐주얼한 분위기의 회화에서 주로 사용되므로 wanna는 공식적인 자리나 예의를 갖춰야 하는 곳에는 쓰지 않는 것이 좋습니다.

Do you like a watermelon?

Do you like~? 뒤에 명사를 넣어서 '너는 ~을 좋아하니?' 라고 물어볼 수 있습니다.
'좋아한다'고 할 때는 Yes, I like it이라고 하고 '아주 좋아한다'고 표현할 때는 Yes, I really like it이라고 대답합니다.

Yes, I like it. Do you?

Do you~?에 대한 대답으로 긍정이면 Yes, I like it이라고 대답하고 부정일 경우엔 No, I do not like it!이라고 대답할 수 있습니다.
Do you?는 like it이 생략된 것으로 앞에서 물어봤기 때문에 반복을 피하기 위해 간단히 Do you?라고 상대방의 의견을 묻습니다.

No, But my girlfriend loves it.

3인칭(I와 you가 아닌 모든 사람, 사물) 단수가 주어일 땐 일반 동사 뒤에 s 혹은 es를 붙여주어야 합니다. My girlfriend는 3인칭 단수이므로 동사 love 뒤에 s를 넣어서 loves가 됩니다.

New words

want 원하다 **buy** 사다 **watermelon** 수박 **but** 그러나
love 사랑하다 **girl friend** 여자친구

활용 expression

Lecture

I work at a restaurant and she works at a bank.
아이 웍 앳 어 레스토랑 앤 쉬 웍스 앳 어 뱅크

◀ 저는 레스토랑에서 일하고 그녀는 은행에서 일해요.

The moon goes around the earth.
더 문 고즈 어라운드 디 얼쓰

◀ 달은 지구를 공전해요.

He eats a lot and drinks a little.
히 잇츠 어 랏 앤 드링크스 어 리틀

◀ 그는 많이 먹지만 술은 조금 마셔요.

She goes to work at 7am and comes home at 6pm.
쉬 고즈 투 웍 앳 세븐 에이엠 앤 컴스 홈 앳 씩스 피엠

◀ 그녀는 아침 7시에 회사에 가서 저녁 6시에 집에 와요.

I want to go swimming but he wants to go hiking.
아이 원 투 고우 스위밍 벗 히 원스 투 고우 하이킹

◀ 저는 수영을 하고 싶은데 그는 하이킹을 하고 싶어해요.

I live in Seoul, and he lives in Bundang.
아이 리브 인 서울, 앤 히 리브스 인 분당

◀ 저는 서울에 살고, 그는 분당에 살아요.

work 일하다	**restaurant** 식당, 레스토랑	**bank** 은행	**eat** 먹다
moon 달	**around** 주위	**earth** 지구	**live** 살다
drink 마시다	**a lot** 많이	**a little** 조금	**work** 직장
A.M. 오전	**P.M.** 오후		

One point 문법 – 일반 동사의 형태변화

일반 동사는, 보통 주어의 동작 또는 행위 등을 나타냅니다.

현재 시제를 나타낼 때 일반 동사가 3인칭 주어를 갖는 경우 동사 뒤에 s를 붙이는데 단, 동사가 –ch, –o로 끝나는 경우 여기에는 –es를 붙입니다. 예외적으로 have의 현재 시제 3인칭 단수형은 haves가 아니라 has입니다.

주어가 3인칭 단수일 때 현재시제 일반동사의 변화 규칙

	단수 (1인)
보통의 경우	+s
-ch, -o	+es
자음 + -y	y를 지우고 + ies

- **He tries to solve the problem.**
  그는 문제를 풀려고 노력해요.
- **She runs fast.**
  그녀는 빨리 달려요.
- **He writes a letter everyday.**
  그는 매일 편지를 써요.
- **I drink water everyday.**
  저는 매일 물을 마셔요.
- **I go to church.**
  저는 교회에 가요.
- **You like your dog very much.**
  당신은 개를 정말 좋아하는군요.
- **It rains.**
  비가 와요.

제5형식 (1)

5형식 문장은 주어 + 불완전타동사 + 목적어 + 목적격 보어의 어순으로 구성된 문장을 말합니다.
동사는 불완전타동사가 사용됩니다. 불완전타동사란 목적어를 수식하는 목적격 보어를 필요로 하는 동사로 우리가 '사역동사', '지각동사'라고 부르는 동사가 5형식 문장에 사용됩니다.

제5형식 기본구조

주어 + 불완전타동사 + 목적어 + 목적격보어(명사)

He + found + her + a good teacher.
그는 그녀가 좋은 교사라는 것을 알았다.

주어 + 불완전타동사 + 목적어 + 목적격보어(형용사)

They + made + me + sad. 그들은 나를 슬프게 했다.

주어 + 불완전타동사 + 목적어 + 목적격보어(부정사)

I + want + you + to be happy.
나는 당신이 행복하기를 바란다.

주어 + 불완전타동사 + 목적어 + 목적격보어(분사)

We + heard + his name + called.
우리는 그의 이름이 불리는 소리를 들었다.

● 주요 불완전타동사

feel ~을 느끼다	**hear** ~을 듣다	**find** ~을 알게 되다	**see** ~을 보다
get ~이 ~가 되게하다	**make** ~시키다	**let** ~을 시키다	**call** ~라고 부르다
believe ~을 ~라고 믿다	**elect** ~을 ~에 선출하다	**keep** ~을 (어떤 상태에)두다	

Self test!!

1. 다음 단수 동사에 따른 복수형 규칙을 고르시오.

1) like　　Ⓐ + es.
2) catch　　Ⓑ + s.
3) fly　　Ⓒ y 지우고 + ies.

2. 다음 중 틀린 문장을 고르시오.

1) He like you.　　2) I want to go now.
3) You eat pizza.　　4) She drinks water.

3. 다음 (　) 안에 들어갈 알맞은 것을 고르시오.

〉〉 He (　　　　) buy it.　그는 그것을 사고 싶어 한다.

1) want　　2) wants to　　3) want to　　4) like

4. 다음 동사를 주어가 3인칭 단수일 때의 동사로 만들어 보시오.

1) love - [　]　　2) walk - [　]　　3) try - [　]

5. 다음 질문의 대답으로 알맞은 것을 고르시오.

〉〉 Does he like a watermelon?

1) Yes, he like.　　2) No, he don't.　　3) Yes, he does.　　4) No, he didn't.

6. 다음 중 옳은 문장을 고르시오.

1) He have no idea.　　2) I wants to buy it.
3) Tom loves you.　　4) John stay in Seoul.

Answer　❶ 1) Ⓑ　2) Ⓐ　3) Ⓒ　❷ 1)　❸ 2)　❹ 1) loves　2) walks　3) tries　❺ 3)　❻ 3)

돈 · 은행 · 우편에 관한 영단어

money
돈 머니

check
수표 책

coin
동전 코인

cash
현금 캐쉬

credit card
신용카드 크레딧 카-드

bill
지폐 빌

ATM
현금자동입출금기 에이티엠

bankbook
은행통장 뱅크북

teller
은행원 텔러-

envelope
봉투 엔벨로웁

stamp
우표 스탬프

mailman
우편배달부 메일맨

mailbox
우체통 메일박스

package
소포 팩키지

letter
편지 레터

— Day —
10

Do you have a pet?

애완동물 있어요?

기본패턴

Do you have a pet?
Do you like animals?

Anna : Do you have a pet? 애완동물 있어요?
두 **유** **해**브 어 **펫**?

Mark : No, I don't like animals. Do you like animals?
노우, 아이 **돈**ㅌ 라잌 **애**니멀스. 두 **유** **라잌** 애니**멀**스?
아니요. 저는 동물을 좋아하지 않아요. 동물 좋아하세요?

Anna : Yes, I do. I like all animals.
예스, **아**이 **두**. **아**이 **라**잌 **올** **애**니멀스
네, 좋아해요. 저는 모든 동물을 좋아해요.

Mark : Do you have a pet? 애완동물 있어요?
두 **유** **해**브 어 **펫**?

Anna : Yes, I have a dog. 네, 개가 한 마리 있어요.
예스, **아**이 해브 어 **독**

Do you have a pet?

You have a pet을 의문문으로 만들어 주기 위해서 문장 앞에 Do동사를 사용합니다. I(1인칭), You(2인칭) 주어에는 do를, 3인칭에는 does를 사용하여 의문문을 만듭니다. 이 Do동사를 앞으로 보내 의문문을 만들 때 주어가 3인칭 단수인 경우 의문문을 만드는 보조동사로 쓰인 do가 인칭 단수형태인 does를 나타내므로 문장내내 일반 본동사는 기본형을 갖게 됩니다.

He likes animals. → Does he like animals?

'애완동물을 가지고 있다'고 할 때 have(keep) a pet이라는 표현을 쓰고 '개(고양이)를 기른다, 가지고 있다'고 할 때는 have(keep) a dog(a cat) 이라고 하면 됩니다.

No, I don't like animals. Do you like animals?

'~을 좋아하지 않는다'라는 부정문을 만들기 위해서는 일반 동사 like 앞에 don't를 써서 부정하면 됩니다. don't는 do not의 축약형입니다.
주어가 3인칭 단수일 경우에는 does not(doesn't)를 사용합니다.
I don't like ~ 뒤에 명사를 넣어서 '나는 ~을 좋아하지 않아요'라고 표현 할 수 있으며 Do you like~? 뒤에 명사를 넣어서 '~를 좋아하세요?'라고 물어볼 수 있습니다.

I like all animals.

animals에 all을 붙이면 '종류를 가리지 않고 다 좋아한다'는 말이며 동물을 좋아한다는 말을 강조하는 표현으로도 볼 수 있습니다.
all을 사용하지 않고 I like an animal '저는 동물을 좋아해요'이라고 할 경우에는 animal이 단수 취급되어 's'가 붙지 않지만 all을 사용할 경우 복수취급이 되므로 animals로 표기해야 합니다.

Yes, I have a dog.

개 한 마리를 기른다고 할 때 I have a dog(one dog)이라고 할 수 있고, 두 마리나 세 마리를 기른다고 할 때는 a 자리에 two, three 등을 넣어주고 dog를 복수형인 dogs로 바꾸어주면 됩니다.

I have a dog. Do you have a dog?
아이 해브 어 독. 두 유 해브 어 독?

◀ 저는 개 한 마리를 길러요.
강아지 기르세요?

No, I don't. I have a cat.
노우, 아이 돈ㅌ. 아이 해브 어 캣

◀ 아니요, 저는 고양이 한 마리를 길러요.

Do you like dogs?
두 유 라잌 독스?

◀ 강아지를 좋아하세요?

No, I don't like dogs.
노우, 아이 돈ㅌ 라잌 독스

◀ 아뇨,
전 강아지를 좋아하지 않아요.

Do you like me?
두 유 라잌 미?

◀ 저를 좋아하세요?

Yes, I like you.
예스, 아이 라잌 유

◀ 네, 좋아해요.

Do you come here everyday?
두 유 컴 히어 에브리데이?

◀ 여기 매일 오세요?

No, I don't come here everyday.
노우, 아이 돈ㅌ 컴 히어 에브리데이

◀ 아니요,
매일 오지는 않아요.

everyday 매일 **cat** 고양이

one point 문법 – Do 동사

Do동사는 ❶ 일반 동사를 도와주는 조동사 ❷ 이미 나온 동사를 대신하는 대동사 ❸ 일반동사와 같은 본동사로 쓰입니다. 특히 의문문, 부정문을 만들때 do동사를 사용 합니다.

의문문을 만들기 위해서는 문장 맨 앞에 do를 놓고, 부정문을 만들기 위해서는 일반 동사 앞에 do not을 놓아 동사를 부정하면 됩니다.
do not은 don't로 줄일 수 있고 글을 쓰거나 강조하기 위해서 do not을 쓰지만 보통 회화체에서는 축약형 don't를 사용합니다.

do 동사

	I, you
의문문	Do I/you~?
부정문	don't

- **I don't like a Sprite.** 저는 사이다를 좋아하지 않아요.
- **I don't know.** 전 모르겠어요.
- **Do you know me?** 저를 아세요?
- **I don't want to buy it.** 그것을 사고 싶지 않아요.
- **I don't have snacks.** 과자가 없어요.
- **Do I look strange?** 나 이상해 보이니?

제5형식 (2)

제5형식 예문

주어 + 불완전타동사 + 목적어 + 목적격보어(명사)

우리는 그를 ____________ 생각한다.

We think him
- **an honest man.** 정직한 사람이라고
- **a good player.** 좋은 선수라고
- **a mentor.** 멘토로

주어 + 불완전타동사 + 목적어 + 목적격보어(형용사)

이것은 당신을 ____________ 만들어 줄 것이다.

It will make you
- **healthy.** 건강하게
- **pretty.** 예쁘게
- **charming.** 매력있게
- **happy.** 행복하게

주어 + 불완전타동사 + 목적어 + 목적격보어(부정사)

그는 내가 ____________ 허락했다.

He let me
- **go abroad.** 해외로 가도록
- **use his car.** 그의 차를 사용하도록
- **repair a computer.** 컴퓨터를 고치도록
- **leave home.** 집을 떠나도록

주어 + 불완전타동사 + 목적어 + 목적격보어(분사)

나는 그가 ____________ 보았다.

I saw him
- **laughing.** 웃고 있는 것을
- **hunting foxes.** 여우 사냥하는 것을
- **fixing a house.** 집을 고치는 것을

Self test!!

1. **다음 대답의 질문으로 알맞은 것을 고르시오.**

〉〉 I don't know you.

1) Are you know me?
2) Does she know you?
3) Am I know you?
4) Do you know me?

2. **다음 중 옳은 문장을 고르시오.**

1) I am like it.
2) I am not like it.
3) You don't like it.
4) You am like it.

3. **다음 ( ) 안에 들어갈 알맞은 것을 고르시오.**

〉〉 I ( ) not have it. 나는 그것을 가지고 있지 않다.

1) do 2) does 3) am 4) are

4. **( )안에 들어갈 알맞은 단어를 쓰시오.**

1) ( ) you like it? 너는 그것을 좋아하니?
2) I ( ) like it. 나는 그것을 좋아하지 않아.

5. **다음 중 틀린 문장을 고르시오.**

1) I love it. 2) I don't love it. 3) You don't love it. 4) He don't love it.

6. **다음 질문의 대답으로 알맞은 것을 고르시오.**

〉〉 Do you love him?

1) Yes, I love he.
2) No, I don't love him.
3) Yes, you love he.
4) He doesn't love you.

Answer ❶ 4) ❷ 3) ❸ 1) ❹ 1) Do 2) Don't ❺ 4) ❻ 2)

거리에 관한 영단어

street
거리 스트릿트

streetlight
가로등 스트릿라이트

park
공원 파-크

public telephone
공중전화 퍼블릭 텔러포운

intersection
교차로 인터-섹션

road
길 로우드

bridge
다리 브릿지

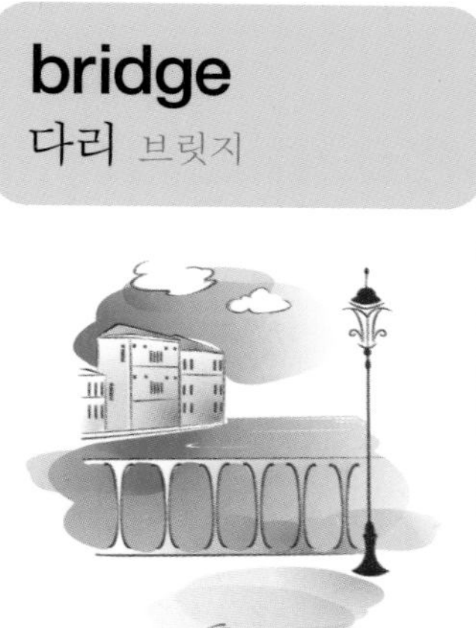

traffic police
교통경찰 트래픽 폴리스

bus stop
버스 정류장 버스 스탑

traffic light
신호등 트래픽 라이트

sidewalk
인도(사람이 다니는) 사이드 웍

place
장소 플레이스

taxi stand
택시정류장 택시 스탠드

crosswalk
횡단보도 크로-스웍

company
회사 컴퍼니

Does she try to lose weight?

그녀는 살 빼려고 하나요?

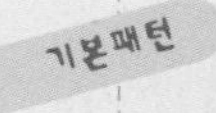

Does she try to lose weight?
Does he like coffee?

Anna : She doesn't eat a lot. 그녀는 많이 먹지 않아요.
쉬 **더**즌ㅌ **잇** 어 **랏**

She always eats a little. 그녀는 항상 조금 먹어요.
쉬 **얼**웨이즈 **잇**츠 어 **리**를

Mark : Does she try to lose weight?
더즈 쉬 **트**라이 투 **루**즈 웨**잇**?
그녀는 살 빼려고 하나요?

Anna : Yes. 네.
예스

Mark : But she looks good now.
벗 쉬 **룩**스 **굿** 나우
그녀는 지금 보기 좋은데요.

New words

lose weight 체중을 줄이다
always 항상

She doesn't eat a lot.

3인칭 현재 단수의 do 동사의 형태는 does입니다.
does의 부정형은 does not이고 축약형으로는 doesn't가 됩니다.
a lot은 동사 뒤에서 그 동사 행위의 정도가 '많음'을 나타내어 eat a lot 하면 '많이 먹다'는 의미가 되고 반대로 a little이 오면 '조금 먹다'의 의미가 됩니다.

Does she try to lose weight?

3인칭 주어 + 일반 동사 형태의 문장을 의문형으로 만들 때는 Does she(he)~? 뒤에 동사 기본형을 사용하면 됩니다.
질문에 대해 대답할 때 긍정이면 Yes, she(he) + 일반 동사s~ 혹은 Yes, she(he) does 또는 짧게 Yes로 대답할 수 있습니다.

부정으로 답할 땐 No, she(he) doesn't + 동사원형~ 혹은 No, she(he) doesn't 또는 짧게 No라고 대답할 수도 있습니다.

lose weight는 '체중을 줄이다'라는 뜻이고 반대로 gain weight은 '체중이 늘다', '살찌다'라는 뜻이 됩니다.
try to는 '~하려고 노력하다'라는 뜻으로 뒤에 동사 기본형이 옵니다.
따라서 try to lose weight은 '살을 빼려고 노력하다'는 뜻이고 비슷한 의미로 go on a diet '다이어트를 하다'가 있습니다.

But she looks good now.

She looks~ 다음에 형용사를 넣어서 '그녀가 ~하게 보인다'고 말할 수 있습니다.

She looks **tired.** 피곤해 보이다
She looks **happy.** 행복해 보이다
She looks **pale.** 창백해 보이다
She looks **good.** 좋아 보이다

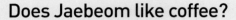

활용 expression

Lecture

Does Jaebeom like coffee?
더즈 **재범 라**잌 커**피**?

◀ 재범씨가 커피를 좋아해요?

No, he doesn't like coffee.
He likes black tea.
노우, 히 **더**즌ㅌ 라잌 **커**피. 히 **라**잌스 **블**랙 티

◀ 아니요, 그는 커피를 좋아하지 않아요.
홍차를 좋아해요.

Does he go to Harvard?
더즈 히 **고** 투 **하**버드?

◀ 그가 하버드 대학에 다녀요?

No, he doesn't. He goes to Seoul National University.
노우, 히 **더**즌ㅌ. 히 **고**즈 투 **서울 내**셔널 유니**버**시티

◀ 아니요, 서울대학교에 다녀요.

Does he speak English?
더즈 히 **스**픽 **잉**글리쉬?

◀ 그가 영어로 말해요?

No, he doesn't.
But He speaks Korean.
노우, 히 **더**즌ㅌ. 벗 히 **스**픽스 코**리**안

◀ 아뇨, 영어로 말하지 않아요.
한국어로 말해요.

Does she run fast?
더즈 **쉬** 런 **패**스트?

◀ 그녀는 빨리 달립니까?

He doesn't know me.
히 **더**즌ㅌ **노**우 미

◀ 그는 나를 몰라요.

coffee 커피　**black tea** 홍차　**Harvard University** 하버드대학교
Seoul National University 서울대학교

One point 문법 – Do 동사의 3인칭

일반 동사를 사용한 의문문, 부정문을 만들 때 필요한 do동사의 기본형은 do이고 현재 시제 3인칭 단수 주어에 사용될 때는 does가 됩니다.
3인칭 단수 주어의 의문문을 만들기 위해서는 문장 앞에 does를 놓고 부정문을 만들기 위해선 일반 동사 앞에 does not을 놓으면 됩니다.
does not의 축약형은 doesn't입니다.

does가 사용되는 의문문과 부정문에서는 3인칭 단수 주어와 일치해야 하는 동사의 형태를 does가 취하고 있으므로 본동사는 기본형을 갖게 됩니다.

do/does 동사

	He, She
의문문	Does he/She~?
부정문	doesn't

- **Does he like singing?** 그는 노래 부르는 것을 좋아하나요?
- **He doesn't want to buy it.** 그는 그것을 사고 싶어하지 않아요.
- **Does he write letters?** 그는 편지를 쓰나요?
- **She doesn't keep a diary.** 그녀는 일기를 쓰지 않아요.
- **He doesn't look good today.** 오늘은 그가 좋아 보이지 않는군요.
- **He doesn't like strawberry.** 그는 딸기를 좋아하지 않아요.

do의 사용법

do는 기본적으로 '하다'의 뜻을 가지고 있으나 그 외에도 다음과 같은 다양한 의미로 사용됩니다.

do의 사용법 예문

'하다' 의 do

What do you do for a living? 당신은 무엇을 해서 생활하고 있습니까?

(은혜 따위를) '베풀다' 의 do

Will you do me a favor? 부탁 하나 들어줄래요?

'마치다' '끝내다' 의 do

Can you do it by tomorrow? 내일까지 끝낼 수 있습니까?

'영향을 미치다'의 do

This medicine will do you no good.
이 약은 전혀 듣지 않을 것이다.

'충분하다'의 do

A few sandwiches will do me for lunch.
점심은 샌드위치 몇 개면 충분하다.

'관계가 있다'의 do

I have nothing to do with the case.
저는 그 사건과 아무런 관계가 없어요.

'강조'의 do

I did tell you. 말했잖아요.

Self test!!

1. 다음 중 ( )에 들어갈 알맞은 것을 고르시오.

>> She ( ) like him. 그녀는 그를 좋아하지 않아요.

1) do 2) does 3) don't 4) doesn't

2. 다음 중 옳은 문장을 고르시오.

1) Do she know me?
2) Does she knows me?
3) Does she know me?
4) Do not she know me?

3. 다음 질문의 대답으로 알맞은 것을 고르시오.

>> Does she speak English?

1) Yes, she speaks English.
2) Yes, she speak English.
3) No, she speaks English.
4) No, she don't speak English.

4. 다음 중 ( ) 안에 들어갈 알맞은 단어를 쓰시오.

1) ( ) he eat a lot? 그가 많이 먹어요?

2) He ( ) eat a lot. 그는 많이 먹지 않아요.

5. 다음 질문의 대답으로 알맞은 것을 고르시오.

>> Does he like it?

1) Yes, he do. 2) No, he don't. 3) Yes, he like it. 4) No, he doesn't like it.

6. 다음 ( ) 안에 들어갈 알맞은 것을 고르시오.

>> He ( ) good. 그는 좋아 보이지 않아요.

1) don't look 2) doesn't look 3) doesn't looks 4) did not look

Answer ❶ 4) ❷ 3) ❸ 1) ❹ 1) Does 2) doesn't ❺ 4) ❻ 2) 

가게에 관한 영단어

shop
가게 샵

store
가게, (미) 상점 스토어-

shoe store
구두가게 슈-스토어-

flower shop
꽃가게 플라워-샵

hair salon
미용실 헤어-새론

department store
백화점 디파-트먼트 스토어-

bakery
빵집 베이커리

bookstore
서점 북스토어-

shopping mall
쇼핑센터 샤핑 몰

market
시장 마-킷

grocery store
식품점 그로우서리 스토어-

drugstore
약국 드러그 스토어-

barber shop
이발소 바-버-샵

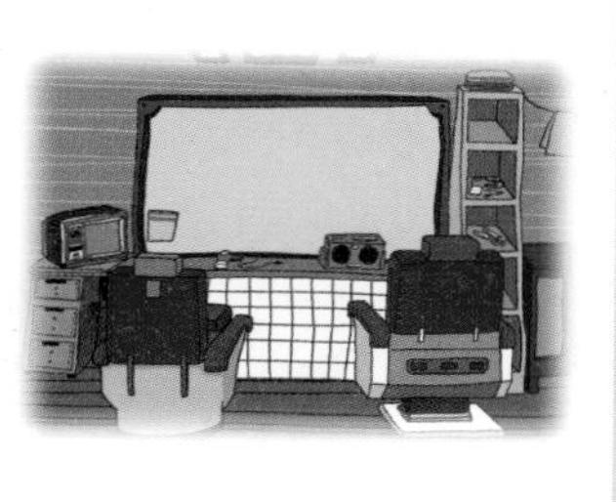

gas station
주유소 게스 스테이션

toy store
장난감 가게 토이 스토어-

— Day —

12

I finished my homework.

숙제를 끝냈어요

I finished my homework.
I loved my work.

Anna : Let's do our homework together.
렛츠 두 아워 홈웍 투게더
숙제 같이 해요.

Mark : I finished my homework yesterday.
아이 피니쉬드 마이 홈웍 예스터데이
전 어제 숙제 끝냈어요.

Anna : Wow! You are diligent. 와아! 부지런하군요.
와우! 유 아 딜리젼트

Mark : What did you do yesterday? 어제 뭐했어요?
왓 디드유 두 예스터데이?

Anna : I went to the movie theater. 영화관에 갔었어요.
아이 웬 투 더 무비 띠에러

New words

Let's ~하자
homework 숙제
together 함께
finish 끝내다
diligent 부지런한
movie theater 영화관

Let's do our homework together.

Let's ~는 뒤에 동사를 넣어서 '~하자' 라는 뜻으로 쓰이는 표현입니다.
Let's go to~를 써서 '(장소에) 가자' 라고 할 수 있고 Let's go ~ing의 표현을 활용하면 '~을 하러 가자' 는 의미가 됩니다. 예를 들어 Let's go swimming은 '수영을 하러 가자', Let's go shopping은 '쇼핑 하러 가자' 가 됩니다.

I finished it yesterday.

'어제 그것을 끝냈다' 라는 뜻으로 과거에 일어난 일을 얘기할 때, 보통 과거형 동사를 사용하는데 규칙 동사라면 동사 기본형에 -ed를 붙여서 과거 시제를 나타냅니다.

What did you do yesterday?

What did you do? '뭐했어요?' 는 What do you do? '뭐 해요?'의 과거형으로 앞의 did는 의문문을 만들기 위해 들어간 조동사 do의 과거형입니다. 즉, 조동사 do를 did로 바꿔줌으로서 문장 전체의 과거시제를 표현합니다. 같은 문장의 뒤에 오는 do는 본동사로 사용되어 '~하다' 라는 의미를 갖게 됩니다.
What did you do는 뒤에 yesterday 대신 다른 시간부사를 넣어서 활용도를 높일 수 있습니다. 예를 들어, What did you do last month?는 '지난 달에 뭐 했어요?'라는 뜻이 됩니다.

I went to the movie theater.

일반동사의 과거형이 동사 뒤에 -ed를 붙여서 규칙적으로 만들어지는 경우 이를 규칙동사라고 하는데 자주 쓰이는 동사들 중에는 불규칙적으로 변화를 하는 동사들이 있습니다. go의 경우 동사의 과거형이 goed가 아니라 went입니다. 많이 쓰이는 동사 중에 이렇게 불규칙적으로 변화하는 동사들로 ate(eat의 과거형, 먹다), did(do의 과거형, 하다) 등이 있습니다.

Did you go to the concert last night?
디드유 고 투 더 콘서트 라스트 나잇?

◀ 어젯밤에 콘서트에 갔었어요?

No, I didn't. I went to the movies with my mom.
노우, 아이 디든ㅌ. 아이 웬 투 더 무비스 윗 마이 맘

◀ 아니요. 어제 엄마와 함께 영화보러 갔었어요.

What did he tell you?
왓 디드 히 텔 유?

◀ 그가 뭐라고 말했어요?

He told me he loves me.
히 톨드 미 히 러브즈 미

◀ 그는 나에게 사랑한다고 말했어요.

So what did you say to him?
쏘 왓 디듀 세이 투 힘?

◀ 그래서 그에게 뭐라고 말했어요?

I said "I love you, too."
아이 세드 "아이 러브 유, 투"

◀ "나도 널 사랑해" 라고 말했어요.

I tried to help you.
아이 트라이 투 헬프 유

◀ 당신을 도우려고 했어요.

Let's go.
렛츠 고우

◀ 갑시다.

concert 콘서트　**mom** 엄마　**tell** 말하다　**say** 말하다
try 노력하다　**help** 돕다

One point 문법 – 일반 동사의 과거형

과거에 했던 일에 대해 말할 때는 동사를 과거형으로 바꾸어 주면 됩니다.

동사를 과거형으로 바꾸는 규칙은 대부분 동사 끝에 –ed를 붙여주는데 –e로 끝나는 동사의 경우 –ed를 붙이면 e가 겹치게 되므로 –d만 붙여주면 됩니다. 그리고 동사의 끝이 자음 + y로 끝나는 경우엔 y를 빼고 –ied를 붙여줍니다

ex try → tried

동사의 과거 규칙이 적용되지 않은 불규칙 동사는 따로 외워야 합니다.
자주 사용되는 불규칙 동사들로는 아래의 표를 참고하시기 바랍니다.

go → went	eat → ate	come → came	have → had
do → did	get → got	buy → bought	tell → told
teach → taught	forgive → forgave	sing → sang	see → saw
keep → kept	send → sent	give → gave	know → knew

일반 동사의 과거형

동사원형	과거형
보통의 경우	+ ed
- e	+ d
자음 + - y	y를 지우고 + ied

- **I tried to sleep.** 자려고 노력했어요.
- **He caught a cold.** 그는 감기에 걸렸어요.
- **She loved me.** 그녀는 날 사랑했었어요.
- **He walked there.** 그는 거기로 걸어갔어요.
- **You wanted to buy it.** 당신은 그것을 사고 싶어 했어요.
- **He looked at me.** 그는 나를 바라봤어요.

go의 사용법

go는 기본적으로 '가다'를 의미하지만 문장 속에서 다양한 의미로 사용됩니다.

go의 사용법 예문

'가다' 의 go

Let's go home. 집에 갑시다.

'외출하다' 의 go

Shall we go out for a walk in the park?
공원에 산책하러 갈까요?

'진행하다' 의 go

Everything is going well with my business.
모든 일이 잘 진행되고 있어요.

'~에 도달하다' 의 go

Does this road go to City Hall? 이 길로 가면 시청이 나옵니까?

'사라지다' 의 go

All hope has gone. 모든 희망이 사라졌어요.

'관용구' 의 go

Go ahead. We are all listening. 어서 하세요. 우리 모두 듣고 있어요.

'출세하다' 의 go

He will go up in the world. 그는 출세할 것이다.

Self test!!

1. 다음 동사의 과거형을 쓰시오.

1) walk [ ]　　2) try [ ]　　3) like [ ]

2. 다음의 문장을 과거형으로 알맞게 고친 것을 고르시오.

〉〉 I want to go there.

1) I wants to go there.
2) I wanted to go there.
3) I wantd to go there.
4) I wantied to go there.

3. 다음 질문의 대답으로 틀린 것을 고르시오.

〉〉 What did you do last night?

1) I went shopping.
2) I studied.
3) I do my homework.
4) I watched a movie.

4. 다음 문장 중 과거형이 틀린 것을 고르시오.

1) I liked fishing.
2) I studed English.
3) I finished my homework.
4) I visited my family.

5. 다음 문장 중 과거형으로 알맞은 것을 고르시오.

1) I talk with my friend.
2) I talked with my friend.
3) I talks with my friend.
4) I will talk with my friend.

6. 다음 ( ) 안에 들어 갈 알맞은 것을 고르시오.

〉〉 ( ) last night. 어젯밤에는 비가 왔다.

1) It rains
2) It rained
3) This rains
4) This rained

Answer ❶ 1) walked 2) tried 3) liked ❷ 2) ❸ 3) ❹ 2) ❺ 2) ❻ 2)

회사에 관한 영단어

chairman
회장 체어맨

secretary
비서 세크러터리

day off
휴가 데이 오프

payday
월급날 페이데이

workplace
직장 웍크플레이스

meeting
회의 미팅

manager
과장, 지배인 메니저

export
수출 엑스포트

guest
손님 게스트

product
상품 프로덕트

employer
종업원 엠플로이어

succeed
성공 석시드

labor
노동 레이버

discount
할인 디스카운트

enterprise
기업 엔터프라이즈

Day 13

What is your hobby?

취미가 뭐에요?

What is your hobby?
What is his hobby?

Anna : Hi, Tom. What is your hobby? 안녕, 탐. 취미가 뭐에요?
하이, **탐**. **왓** 이즈 유어 **하**비?

Tom : My hobby is collecting stamps. 제 취미는 우표수집이에요.
마이 **하**비 이즈 컬**렉**팅 **스**탬스

Anna : Really? That sounds great. 정말요? 멋진데요.
뤼얼리? 댓 **사**운즈 **그**레잇

Tom : Yeah, It's very interesting. How about you?
야, 잇즈 **베**리 **인**터레스팅. **하**우 어바웃 **유**?
네. 정말 재미있어요. 당신은요?

Anna : I like listening to music.
아이 **라**잌 **리**스닝 투 **뮤**직
저는 음악 듣는 것을 좋아해요.

What is your hobby?

상대방의 취미를 물어보는 표현입니다. 이 외에도 Do you have any hobbies? '취미 있어요?' 라는 표현이 있으며, What do you do in your free time? '여가 시간에 뭐해요?' , What do you like to do? '뭐 하는 거 좋아해요?' 등도 비슷한 표현으로 사용됩니다.
What is + 소유격 + hobby? 형태의 문장에서 그녀의 취미에 대해서 물어보고 싶을 땐 소유격 자리에 'her' 를 넣어서 What is her hobby? 라고 물어볼 수 있습니다.
또 다른 예로 '제인의 취미가 뭐예요?' 라고 묻고 싶으면 고유명사인 제인 뒤에 's' 를 붙여 '제인의' 를 뜻하는 소유격을 넣어 What is Jane's hobby?라고 하면 됩니다.

My hobby is collecting stamps.

What is your hobby?에 대한 대답으로 My hobby is ~ 다음에 취미를 넣어서 '제 취미는 ~예요' 라고 대답할 수 있는데, 이때 동사가 올 경우 명사처럼 시용하기 위해 뒤에 ~ing를 붙여 동명사를 만들어 줍니다.
I like(enjoy, love) ~ 뒤에 취미를 넣어서 대답할 수도 있습니다.

That sounds great.

That sounds~는 직역하면 '그거 ~로 들리는 걸' 이라는 뜻으로 great는 '훌륭하다' 는 뜻이므로 That sounds great는 '훌륭하게 들리는 걸' 정도의 의미가 됩니다.
That sounds 뒤에 다른 형용사를 넣어서 상대방이 한 말에 대한 느낌이나 의사를 표현 할 수 있습니다. 예를 들어, That sounds fun은 '그거 재미있을 것 같다' 라는 표현이 됩니다.

I like listening to music.

My hobby is~ 대신에 쓸 수 있는 표현 중 하나가 I like ~입니다. like 뒤에는 to 부정사나 동사에 ing형태를 붙인 동명사가 오는 것을 주의하세요.

New words

hobby 취미 **collect** 모으다 **stamp** 우표
collecting stamps 우표 수집 **really** 정말 **interesting** 흥미있는

Do you have any hobbies?
두 유 해브 애니 하비즈?
◀ 무슨 취미가 있어요?

Yes, My hobby is playing the piano.
예스, 마이 하비 이즈 플레잉 더 피애노
◀ 네, 제 취미는 피아노 치는 거에요.

Wow! Are you good at playing the piano?
와우! 아유 굿 앳 플래잉 더 피애노?
◀ 와아! 피아노 잘 치세요?

Yes, I think that I am good at it.
예스, 아이 띵 뎃 아이 엠 굿 앳 잇
◀ 네, 잘 친다고 생각해요.

What do you do in your free time?
왓 두 유 두 인 유어 프리 타임?
◀ 여가 시간에 뭐하세요?

I usually go shopping with my friends.
아이 유즈얼리 고 샤핑 윗 마이 프랜즈
◀ 대개 친구들하고 쇼핑해요.

That sounds fun.
댓 사운즈 펀
◀ 그거 재밌겠어요.

Can I meet you tomorrow?
캔 아이 밋 유 투모로우?
◀ 내일 만날 수 있어요?

That sounds great.
댓 사운즈 그레잇
◀ 좋아요.

play the piano 피아노 치다
go shopping 쇼핑하러 가다
free(spare)time 여가 시간
be good at ~를 잘하다

One point 문법 – 소유격에 대하여

소유격에 대하여

소유격이란 사물의 소유 관계를 나타내기 위한 것으로 'A의 B'라고 할 때 A는 소유하는 주체, B는 소유되는 객체를 말합니다. '~의'에 해당하는 것이 영어의 ~'s입니다. 예를 들어 '유미의 가방'은 Yumi's bag으로 나타낼 수 있습니다.
소유 대명사의 경우 각 인칭 및 소수에 따라 쓰이는 대명사가 다르므로 아래 표를 참고하여 외워두시면 됩니다.

단수		복수	
주격	소유격	주격	소유격
I 나	my 나의	We 우리	our 우리의
you 너	your 너의	You 너희들	your 너희들의
he 그	his 그의	They 그들	their 그들의
she 그녀	her 그녀의		
it 그것	its 그것의		

- **Is this your book?** 이것은 당신의 책이에요?
- **Yes, this is my book.** 네. 이것은 제 책이에요.
- **Is it your computer?** 이것은 당신의 컴퓨터예요?
- **I am his mother.** 제가 그의 엄마예요.
- **He is Jane's brother.** 그는 제인의 남동생이에요.

have의 사용법

have의 사용법 예문

'갖고 있다'의 have

She has a good sense of humor. 그녀는 유머감각이 뛰어나요.

'사역이나 피해'를 나타내는 have

Where did you have your hair cut? 어디서 머리 했어요?

'먹다, 마시다'의 have

What time do you want to have breakfast?
아침 식사는 몇 시에 드시겠습니까?

'소유, 귀속'의 have

He has a big house and a beautiful garden.
그는 큰 저택과 아름다운 정원을 소유하고 있어요.

'여러 가지 상태'를 나타내는 have

I heard that you have a sweet tooth.
당신은 단 것을 아주 좋아한다고 들었어요.

'행사의 개최'를 나타내는 have

I will have my birthday party tomorrow. 내일 제 생일 파티를 열 거예요.

'출산'을 나타내는 have

My wife is going to have a baby. 아내가 곧 출산할 예정이에요.

'두다'를 등을 나타내는 have

I want to have my bed here. 침대를 여기에 놓고 싶어요.

Self test!!

1. **다음 영어를 우리말로 알맞게 해석한 것을 고르시오.**

1) What is your hobby?
2) My hobby is collecting stamps.
3) That sounds fun.

Ⓐ 제 취미는 우표수집입니다.
Ⓑ 취미가 뭐예요?
Ⓒ 그것 재밌겠어요

2. **다음 중 의미가 다른 하나를 고르시오.**

1) I like swimming. 2) I enjoy swimming.
3) I love swimming 4) I don't like swimming.

3. **다음 질문의 대답으로 알맞은 것을 고르시오.**

〉〉 What is your hobby?

1) I like playing tennis. 2) I'm a student. 3) How about you? 4) That sounds great.

4. **(　　) 안에 알맞은 단어를 넣으시오.**

〉〉 나는 사진 찍는 것을 좋아해.

I (　　　) taking picture.

5. **다음 질문의 대답으로 알맞은 것을 고르시오.**

〉〉 Is this your book?

1) Yes, this are my books. 2) No, this is my book.
3) Yes, this is my book. 4) No, that is not my books.

6. **다음 질문의 대답으로 틀린 것을 고르시오.**

〉〉 What size do you wear?

1) small 2) large 3) medium 4) pretty

Answer ❶ 1) Ⓑ 2) Ⓐ 3) Ⓒ  4) ❸ 1) ❹ like, enjoy, love 중 하나  3) ❻ 4)

건물에 관한 영단어

police station
경찰서 폴리-스 스테이션

library
도서관 라이브러리

fire station
소방서 파이어-스테이션

post office
우체국 포스트 오-피스

school
학교 스쿨

church
교회 처-치

movie theater
영화관 뮤-비 씨-어터-

train station
기차역 트레인 스테이션

museum
박물관 뮤-지-엄

hospital
병원 허스피틀

apartment
아파트 어파-트먼트

station
역 스테이션

factory
공장 팩토리

bank
은행 뱅크

subway station
지하철역 서브웨이 스테이션

Day 14 When is your birthday?

생일이 언제에요?

기본패턴

When is your birthday?
When are you free?

Anna : When is Jenny's birthday?
웬 이즈 제니스 벌쓰데이?
제인의 생일이 언제에요?

Mark : Her birthday is tomorrow.
허 벌쓰데이 이즈 투모로우
그녀의 생일은 내일이에요.

Anna : Did you buy a birthday gift for her?
디드유 바이 어 벌쓰데이 기프트 포 허?
그녀의 생일 선물 샀어요?

Mark : Yes, I bought a book for her.
예스, 아이 보우트 어 북 포 허
네. 그녀를 위해 책을 샀어요.

When is Jenny's birthday?

When은 '언제'를 뜻하는 말로 When is~?는 '~는 언제예요?'라는 뜻이 됩니다. 제니의 생일이 언제인지 물어보기 위해 When is~? 다음에 '제니의 생일'에 해당하는 'Jenny's birthday'를 넣어 준 것입니다. birthday 앞에는 Jenny's와 같이 누구의 생일인지를 나타내는 소유격의 형태를 써 주어야 합니다. Jenny와 같은 고유명사의 소유격은 's입니다.
생일뿐만 아니라 결혼식 등 다양한 행사나 사건의 시간을 나타낼 때 When is your wedding? '당신의 결혼식이 언제예요?'나 When is the party? '그 파티가 언제예요?'처럼 When을 사용한 표현들이 가능합니다.

Her birthday is tomorrow.

Her birthday is~ 뒤에 시간을 나타내는 단어를 사용하여 그녀의 생일이 언제인지 나타낼 수 있습니다. 예를 들어 이번 주 일요일이라면 Her birthday is this Sunday라고 할 수 있습니다.
Jenny가 여자이기 때문에 '그녀의'에 해당하는 소유격 her가 나왔습니다. 만약 Jenny가 남자라면 his가 와야 합니다.

Did you buy a birthday gift for her?

Did you buy~?는 '~을 샀어요?'라는 뜻이고 for는 '~를 위한'이란 뜻입니다. 그래서 '그녀를 위한 생일 선물을 샀어요?'가 되며 a birthday gift 대신에 다른 단어를 넣어서 '~을 샀어요?'라는 표현을 만들 수 있습니다.

Yes, I bought a book for her.

책을 산 행위는 과거에 일어난 일이므로 동사 buy의 과거형인 bought를 사용합니다. 여기서도 for은 '~를 위한'의 뜻으로 쓰였으나 상대방의 질문에 그 의미가 이미 포함되어 있으므로 for her는 생략해도 무관합니다.

New words

birthday 생일 **when** 언제 **gift** 선물 **for** ~를 위해
bought 샀다(buy의 과거형) **book** 책

활용 expression

Lecture

When is your father's birthday?
웬 이즈 유어 **파**덜스 **벌**쓰데이?

◀ 아버님 생신은 언제예요?

His birthday is this Thursday.
히즈 **벌**스데이 이즈 디스 **떨**스데이

◀ 아버님 생신은 이번 목요일이에요.

When did you hear it?
웬 디드유 **히**어 릿?

◀ 그거 언제 들었어요?

When did you wake up?
웬 디드유 **웨**이컵?

◀ 언제 일어났어요?

When I grow up, I will be a cook.
웬 아이 그로우 **업**, **아** 윌 비 어 **쿡**

◀ 저는 자라면, 요리사가 될 거예요.

When you get there, call me.
웬 유 **겟** 데어, **콜** 미

◀ 도착하면 전화해요.

When you see Tom, say hello for me.
웬 유 **씨 탐**, 세이 **헬**로 포 미

◀ 탐 보게 되면, 안부 전해 주세요.

Call me when you are ready.
콜 미 웬 유 아 **레**디

◀ 준비되면 불러 주세요.

grow up 성장하다
call 전화하다
cook 요리사
see 보다
get 얻다, 도착하다
hello 안녕
there 거기
ready 준비된

One point 문법– when의 용법!

여기서는 좀 더 구체적으로 의문문으로 사용하는 when의 용법에 대해서 알아보도록 합시다. when은 의문사로 의문문의 맨 앞에 쓰일 때는 '언제'라는 뜻으로, 평서문의 안긴 문장 첫 머리에 접속사로 쓰일 때는 '~했을 때'라는 뜻으로 사용됩니다.

When is~?는 '~는 언제예요?'라는 말로 뒤에 단어만 바꿔서 쓸 수 있는 쉬우면서도 유용한 표현이므로 외워두시기 바랍니다. 행사나 공휴일, 생일같은 특정한 날에 대해 물어볼 때 사용할 수 있습니다.

When is New Year's Day in Korea?
한국의 설날은 언제예요?

When are you leaving?
언제 떠나세요?

의문사 when을 쓸 때는 기본적으로 의문문을 만든 후에 when을 맨 앞에 써주면 됩니다.

When did you meet her?
그녀를 언제 만났어요?

접속사 when이 이끄는 안긴 문장이 앞에 나올 경우, 뒤에 나오는 문장과 구분 짓기 위하여 두 문장 사이에 쉼표(,)를 찍어 줍니다.

When I went to my friend's house, there was nobody.
친구 집에 갔을 때, 집에 아무도 없었어요.

그러나 when이 이끄는 문장이 뒤에 오는 경우에는 when 자체가 두 문장을 구분해 주므로 쉼표(,)를 찍지 않습니다.

Give me my book when I get there.
제가 거기에 도착하면 책을 주세요.

get의 사용법

have가 소유를 나타내는 동사라고 한다면 get은 취득의 의미를 갖고 있습니다. get에서 파생되는 의미에는 다음과 같은 것이 있습니다.

● get의 사용법 예문

'입수, 취득'의 get

How much does he get a week?
그는 일주일에 얼마나 법니까?

'가져오다'의 get

Get me a taxi for me, please.
택시 좀 불러 주세요.

'도착'의 get

Don't worry. I will get there as soon as I can.
염려 마세요. 최대한 빨리 갈게요.

'되다, 되게하다'의 get

It is already getting dark.
날이 벌써 어두워졌어요.

'이해하다, 납득하다'의 get

I still don't get the point.
여전히 뭐가 뭔지 잘 모르겠습니다.

'일어나다'의 get

Get me up at six tomorrow morning.
내일 아침 여섯 시에 깨워 주세요.

1. 다음 영어를 우리말로 알맞게 해석한 것을 고르시오.

1) When is Jenny's birthday?
2) Did you buy a birthday gift for her?
3) Her birthday is tomorrow.
4) I bought a book for her.

Ⓐ 그녀의 생일은 내일이에요.
Ⓑ 그녀를 위해서 책을 샀어요.
Ⓒ 그녀의 생일선물을 샀어요?
Ⓓ 제니의 생일이 언제예요?

2. 다음 중 when 용법이 다른 하나를 고르시오.

1) When is your birthday?
2) When do you go to school.
3) When is your father's birthday?
4) When you get there, call me.

3. 다음 질문의 대답으로 알맞은 것을 고르시오.

>> When is your birthday?

1) What time is it now?
2) My birthday is today.
3) It is on Monday.
4) What is your name?

4. 다음 ( ) 안을 적합한 형태로 바꾸시오.

>> When is your birthday? (I)

(   ) birthday is tomorrow.

5. 다음 질문의 대답으로 알맞은 것을 고르시오.

>> Whose umbrella is this?

1) It is mine.
2) Yes, it is mine.
3) No, it is yours.
4) It is me.

6. 다음 질문의 대답으로 알맞은 것을 고르시오.

>> Who is he?

1) Yes, he is my brother.
2) Yes, he is a doctor.
3) No, I don't know.
4) He is my uncle.

Answer ❶ 1)Ⓓ 2)Ⓒ 3)Ⓐ 4)Ⓑ  ❷ 4) ❸ 2) ❹ My 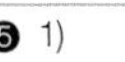 ❺ 1) ❻ 4)

쇼핑에 관한 영단어

shopping mall
쇼핑몰 쇼핑몰

gift shop
선물가게 기프트 샵

food court
식당가 푸드 코트

parking lot
주차장 파킹 랏

on sale
세일 중 온 세일

catalog
카탈로그 카탈로그

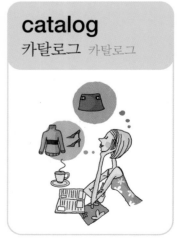

price tag
가격표 프라이스 텍

open
개점 오픈

close
폐점 클로우즈

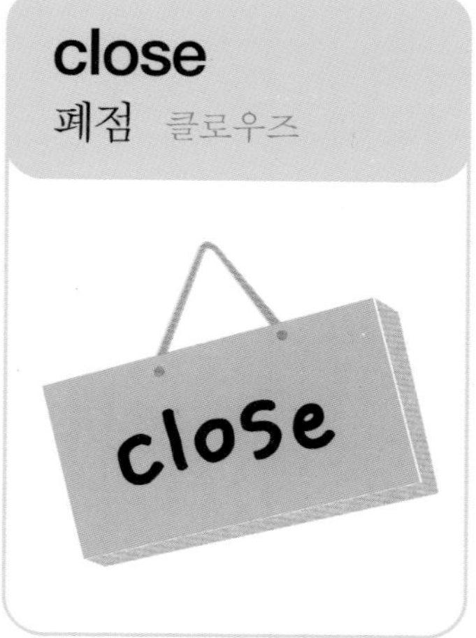

fitting room
탈의실 피팅 룸

calculation
계산 켈켤레이션

camera
카메라 캐머러

cosmetics
화장품 코스메틱

souvenir
기념품 수비니어

handbag
핸드백 핸드백

— Day —
15

I have a problem.

문제가 있어요

I have a problem.
I have a trouble.

Anna : I have a problem with the computer.
아이 해브 어 프라블럼 윗 더 컴퓨러
컴퓨터에 문제가 생겼어요.

Mark : What is your problem?
왓 이즈 유어 프라블럼?
문제가 뭐예요?

Anna : I have a trouble with the keyboard.
아이 해브 어 트러블 윗 더 키보드
키보드와 관련해서 문제가 생겼어요.

Mark : Don't worry. I will fix it later.
돈ㅌ 워리. 아이 윌 픽스 잇 레이러
걱정하지 마세요. 제가 나중에 고칠게요.

I have a problem with the computer.

I have a problem with~ 뒤에 사물, 행동, 사람 등이 와서 '~를 하는데 문제가 있다', '~와 문제가 있다' 라는 뜻으로 쓰이는 표현입니다.
같은 표현으로는 I have a trouble with~가 있는데 문제가 많을 때는 problems 또는 troubles 이라고 하기도 합니다.
have 대신에 구어체에선 종종 got을 쓰기도 합니다.

What is your problem?

문제가 무엇이냐는 뜻으로 단순히 문제를 물어보기 위해 쓰이며, 문제를 풀어주기 위하거나 고민 상담을 해주기 위하여 쓰이기도 합니다.
your 대신 the를 넣어서 What is the problem?으로 사용할 수도 있습니다. What is wrong? '무슨 문제 있어요?', What is the matter?와 같은 표현들도 비슷한 의미로 사용됩니다. 이 표현들에 with you를 붙여서 What is the problem with you?, What is wrong with you?, What is the matter with you?라고 하면 구체적으로 상대방에게 무슨 문제가 있는지를 묻는 표현이 됩니다.

Don't worry. I will fix it later.

Don't worry는 걱정하지 말라는 뜻으로 쓰이는 표현이고, Do not worry를 줄인 말입니다.
I will ~ '제가 ~할게요' 뒤에 동사를 넣어서 미래에 할 일에 대해서 얘기할 수 있습니다.

New words

problem 문제 **computer** 컴퓨터 **keyboard** 키보드 **fix** 고치다

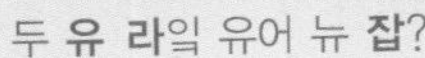

Do you like your new job?
두 유 라잌 유어 뉴 잡?
◀ 새 일자리 괜찮아요?

No, I have a trouble with my boss.
노우, 아이 해브 어 트러블 윗 마이 보스
◀ 아니요.
상사와 문제가 좀 있어요.

I have lots of troubles at work.
아이 해브 랏츠 오브 트러블즈 앳 웍
◀ 직장에서 많은 어려움을 겪고 있어요.

I have a problem with my boyfriend.
아이 해브 어 프라블럼 윗 마이 보이프랜드
◀ 남자친구와 문제가 좀 있어요.

What is the problem?
왓 이즈 더 프라블럼?
◀ 무슨 문제인데요?

He wants to quit the job.
히 원스 투 큇 더 잡
◀ 그가 일을 그만두고 싶어해요.

What is wrong with him? (=What is his problem?)
왓 이즈 렁 윗 힘? (왓 이즈 히즈 프라블럼?)
◀ 무슨 문제가 있어요?

new 새로운
quit 그만두다
Job 일자리
boss 상사
wrong 틀린, 이상한
trouble 문제
call 전화

One point 문법 – have 동사

have는 '~을 가지고 있다'는 뜻을 가진 동사로 대표적인 불규칙 동사입니다. have의 과거는 had이고 3인칭 단수 현재 시제에 따른 동사 변화형은 has입니다.

have의 형태 변화

	have
3인칭 단수	has
과거	had

- **I have a computer.**
  저는 컴퓨터를 한 대 갖고 있어요.
- **She has lots of money.**
  그녀는 돈이 많아요.
- **He had a great time in Korea.**
  그는 한국에서 좋은 시간을 보냈어요.
- **You have a good friend.**
  당신은 좋은 친구가 있네요.
- **He has a good appearance.**
  그는 좋은 외모를 가지고 있어요.
- **She had a mirror.**
  그녀는 거울을 가지고 있었어요.

put의 사용법

put은 여러 가지 다양한 의미로 사용되는 동사입니다. 그 의미들로 다음과 같은 것들이 있습니다.

put의 사용법 예문

'두다'의 put

Put your money in the pocket. 돈은 주머니에 넣어 두세요.

'저금하다'의 put

I put aside 100 dollars a month.
저는 매월 100달러씩 저금하고 있어요.

'신다, 입다'의 put

Please wait until I put on my shoes.
구두를 신고 있으니 기다려 주세요.

'말하다, 생각하다'의 put

To put it briefly, I'm against the plan.
간단히 말하면 저는 그 계획에 반대입니다.

'넣다, 정리하다'의 put

I put the room in order. 제가 그 방을 정리했어요.

'적어두다'의 put

Put your name down here, please. 여기에 이름을 기입하세요.

'바꿔 말하다'의 put

Put the following sentence into English. 다음 문장을 영역 하시오.

1. 다음 (　　　)에 들어갈 알맞은 것을 고르시오.

>> He (　　) a problem with the computer.

1) have　　2) has　　3) had　　4) am

2. 다음 중 옳은 문장을 고르시오.

1) He have a computer.　　2) She have a laptop.
3) I has a class.　　4) He has a cell phone.

3. 다음 중 틀린 문장을 고르시오.

1) I have a book.　　2) She has a pen.
3) You had a radio.　　4) I has a snack.

4. 다음 have의 형태 변화를 쓰시오.

1) 3인칭 단수 현재 [　　　]　　2) 과거 [　　　]

5. 다음 문장에서 have는 어떤 의미로 사용되었는지 고르시오.

>> Where did you have your hair cut?

1) 갖고 있다　　2) 마시다　　3) 사역　　4) 소유 귀속

6. 다음 (　　)에 들어갈 알맞은 동사의 형태를 고르시오.

>> Tom and Jane (　　) a car.

1) have　　2) has　　3) had

Answer ❶ 2)　❷ 4)　❸ 4)　❹ 1) has, 2) had　❺ 3)　❻ 1), 3)

공항과 호텔에 관한 영단어

airport
공항 에어-포-트

passenger
승객 패신저-

plane
비행기 플레인

passport
여권 패스포-트

suitcase
여행가방 숫케이스

boarding pass
탑승권 보-딩 패스

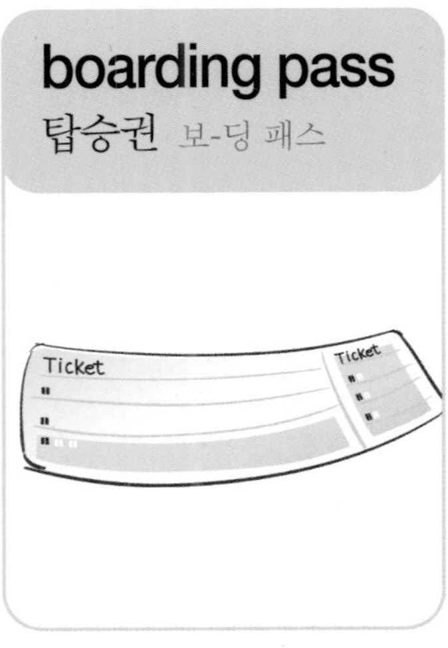

baggage claim
짐 찾는곳 베기지 클레임

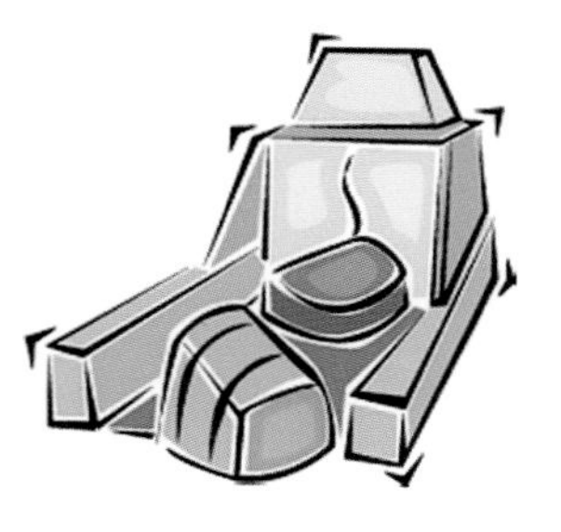

baggage
짐 베기지

hot spring
온천 핫 스피링

sauna
사우나 사우나

bellhop
벨보이 밸홉

room service
룸서비스 룸서비스

motel
모텔 모텔

single room
싱글룸 싱글룸

duty-free shop
면세점 듀티프리 샵

— Day —
16

Do you have a bike?
자전거 갖고 있어요?

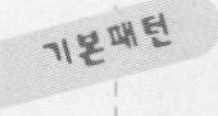

Do you have a car?
Do you have a bike?

Anna : **Do you have a car?** 차를 가지고 있어요?
두 **유** **해**브 어 **카**?

Mark : **No, I don't.** 아니오, 없어요.
노우, 아이 **돈**ㅌ

Anna : **Do you have a bike?**
두 **유** **해**브 어 바이**크**?
자전거는 갖고 있어요?

Mark : **Yes.** 네.
예스

Anna : **Then, we can go by your bike.**
덴, 위 캔 **고**우 바이 유어 **바**이크
그럼, 우리는 자전거로 갈 수 있어요.

Do you have a car?

Do you have~? 뒤에 사물을 넣어서 '~를 갖고 있어요?' 라고 물어볼 수 있습니다.

Do you have a car?
Does she have a bike?

'그는(그녀는) ~를 갖고 있어요?' 라고 하고 싶다면 you 자리에 he(she)를 넣어주고 do동사를 3인칭 단수 형태인 does로 바꾸어서 사용하면 됩니다.
즉 '그녀는 차를 갖고 있어요?' 라고 할 때는 Does she have a car? 라고 하면 됩니다.

No, I don't.

Do you~? 에 대한 대답으로 No, I don't have a car를 줄인 말이고 짧게 No라고만 대답해도 됩니다.
'친구'가 혹은 '동생이 있다(없다)' 등 사람과의 관계를 가지고 있다고 표현할 때도 have를 씁니다. 없다고 할 때는 do not have(축약형, don't have)를 써서 표현할 수 있습니다.

I have a sister. 여동생이 있다.
I don't have a boyfriend. 저는 남자친구가 없어요.

Do you have a bike?

Do you have a car? 처럼 a car 대신에 a bike(자전거), a cell phone(핸드폰) 등 다른 사물을 넣어서 '~을 가지고 있어요?' 고 물어볼 수 있습니다.

Yes.

Do you~?에 대한 대답으로 긍정으로 답하고 싶으면 Yes, I have a bike나 Yes, I have 또는 Yes로 대답하면 됩니다.

New words

walk 걷다 **car** 차 **bike** 자전거

Do you have sisters or brothers?
두유 해브 **시**스터즈 오어 브**라**더즈?

◀ 자매나 형제 있어요?

Yes, I have one sister and two brothers.
예스, **아**이 해브 **원** **시**스터 앤 **투** 브**라**더즈

◀ 네. 여동생 한 명, 남동생 두 명 있어요.

Does she have a boyfriend?
더즈 **쉬** **해**브 어 **보**이프렌드?

◀ 그녀는 남자친구가 있어요?

Yes, she has a boyfriend.
예스, 쉬 **해**즈 어 **보**이프렌드

◀ 네. 남자친구가 있어요.

Do you have a laptop?
두 **유** 해브 어 **랩**탑?

◀ 노트북을 갖고 있어요?

No, I have a desktop.
노우, **아**이 **해**브 어 **데**스크탑?

◀ 아니요. 데스크탑을 갖고 있어요.

Does your boyfriend have a car?
더즈 유어 **보**이프렌드 **해**브 어 **카**?

◀ 남자친구가 차가 있어요?

Yes.
예스

◀ 네.

We don't have any questions.
위 **돈**트 해브 애니 **퀘**스천스

◀ 우리는 어떠한 질문도 없어요.

One point 문법 – have동사의 의문문, 부정문

have 동사가 '갖고 있다'는 의미의 일반 동사로 사용되는 경우 의문문을 만들 때는 문장 앞에 의문 조동사 do/does를 놓고 부정문을 만들 때는 have 앞에 부정의 don't / doesn't를 놓으면 됩니다.

Have의 의문문 · 부정문

	I / you have	She / He has
의문문	Do I(you) have~?	Does she(he) have ~?
부정문	I(You) don't have~	She(He) doesn't have~

- I don't have **a class today.** 오늘 수업이 없어요.
- Do you have **time?** 시간 있어요?
- Does she have **a dog?** 그녀는 개를 기르나요?
- She doesn't have **a paper.** 그녀는 종이를 갖고 있지 않아요.
- Does he have **lots of homework?** 그는 숙제가 많아요?
- Do you have **water?** 물 있어요?
- You don't have **snacks.** 당신은 과자가 없군요.
- He doesn't have **a key.** 그는 열쇠를 갖고 있지 않아요.

전치사의 사용법 (1) – 시간

시간을 나타내는 전치사 예문

시간을 나타내는 전치사는 종류도 많고 쓰임의 범위가 넓어 자칫 헷갈리기 쉬우니 각 뜻을 정확히 파악하여 적절히 사용해야 합니다.

at : 구체적 시각, 시점 앞에 쓰입니다.

We will have a meeting at noon. 정오에 미팅이 있어요.

➡ at evening, at 11:15 A.M, at midnight

in : 오전, 오후 및 년, 월, 계절, 연도, 세기 등 비교적 긴 시간을 나타냅니다.

School begins in March. 학교는 3월달에 시작한다.

➡ in the morning, in spring, in 2010

on : 특정한 날의 요일이나 날짜 등을 나타낼 때 앞에 쓰입니다.

He was born on August 23. 그는 8월 23일에 태어났다.

➡ on Sunday, on that night

그 외 시간을 나타내는 중요 전치사

before ~전에	**after** ~ 후에	**by** ~까지는	**since** ~이래
during ~동안에	**for** ~동안에	**until** ~까지	**from** ~부터
through ~동안 내내		**within** ~이내에	

- **The restaurant is open from ten A.M.**
  그 음식점은 오전 10시에 문을 연다.
- **She went to Jeju during her vacation.**
  그녀는 휴가 때 제주도에 다녀왔다.
- **I lived in this town all through my life.**
  나는 평생 이 마을에서 살았다.

Self test!!

1. 다음 ( ) 안에 들어갈 알맞은 것을 고르시오.

>> She (   ) it. 그녀는 그것을 가지고 있지 않다.

1) do have   2) has   3) doesn't have   4) doesn't has

2. 시간을 물어보기 위한 알맞은 표현을 고르시오.

1) Do you have time?
2) Do you have the time?
3) I don't have time?
4) Does she have time?

3. 다음 질문의 대답으로 틀린 것을 고르시오.

>> Does she have a dog?

1) No, she doesn't have a dog.
2) Yes, she has a dog.
3) Yes.
4) Yes, you have a dog.

4. 다음 문장 중 옳은 것을 고르시오.

1) I don't has a class today.
2) Do he have lots of homework?
3) She doesn't have a paper.
4) Yes, you has a dog.

5. 다음 문장 중 틀린 것을 고르시오.

1) I want to has my bed here.
2) My wife is going to have a baby.
3) Do you have water?
4) I have my birthday party today.

6. 다음 문장 ( ) 안에 들어갈 알맞은 것을 고르시오.

>> He (   ) a key. 그는 열쇠를 가지고 있지 않아요.

1) don't have
2) doesn't has
3) doesn't have
4) don't has

Answer  ❶ 3) ❷ 2) ❸ 4) ❹ 3) ❺ 1) ❻ 3)

가족과 친척에 관한 영단어

home
가정 홈

family
가족 패밀리

grandfather
할아버지 그랜드파-더-

grandmother
할머니 그랜드머더-

daddy
아빠 대디-

mom
엄마 맘

sister
언니 시스터-

brother
형 브러더-

aunt
이모, 숙모 앤트-

parents
부모 페어런츠

son
아들 썬

child
아이, 자식 차일드

uncle
삼촌 엉클

daughter
딸 도-터-

baby
아기 베이비

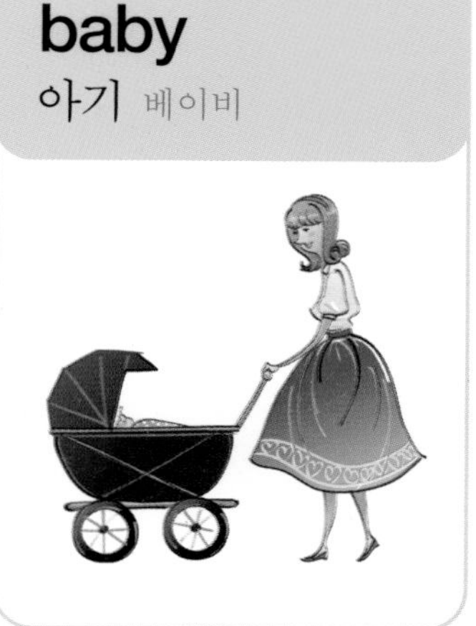

Day 17

You have to go to the hospital.

병원에 가는 것이 좋겠어요

I have a fever.
I have a headache.

Mark : I am sick. I have a fever.
아이 엠 **씩**. 아이 해브 어 **피**버
아프고 열이 있어요.

Anna : Do you cough? 기침이 나세요?
두 **유** **커**프?

Mark : Yes, I have a bad cough.
예스, **아**이 해브 어 **배**드 **커**프
네, 기침이 심해요.

Anna : Do you have a stuffy nose?
두 **유** 해브 어 **스**터피 **노**우즈?
코도 막히세요?

Mark : Yes, I have. 네, 그래요.
예스, 아이 **해**브

Anna : You have to go to the hospital.
유 **해**브 투 고우 **투** 더 **허**스피틀
병원에 가는 것이 좋겠어요.

New words

sick 아프다
fever 열
cough 기침하다, 기침
stuffy nose 코 막힘

I am sick. I have a fever.

I am sick은 아프다는 표현이고, 비슷하지만 조금 약한 의미로는 I'm not feeling good이 있습니다.
have 뒤에 a stuffy nose(코 막힘), a fever(열), a headache(두통), a toothache(치통), a stomachache(복통) 등과 같은 통증, 증상과 관련된 단어를 넣어서 병세를 설명할 때 사용할 수 있습니다.

Do you cough?

cough는 동사와 명사의 형태가 같으므로 '기침이 나세요?' 라고 물을 때 Do you chough?(동사), Do you have a cough?(명사)와 같이 어느 것을 사용해도 무방합니다.

Yes, I have a bad cough.

심한 기침을 한다는 표현으로 bad를 넣어주면 '정도가 심하다' 는 것을 나타낼 수 있습니다.
두통이 심하다고 할 땐 I have a bad headache으로 나타낼 수 있습니다.

Do you have a stuffy nose?

Do you have~?에서 몸의 이상증상을 넣어서 '~증상을 갖고 있어요?' 라고 물어볼 수 있습니다. a stuffy nose는 코가 막힌 상태를 말하고, a runny nose라고 하면 콧물이 계속 흐르는 상태를 말하고 a bloody nose는 코피가 계속 흐르는 상태를 말하는데 이런 표현들은 모두 Do you have~?에 연결하여 상황에 맞게 사용할 수 있습니다.

You have to go to the hospital.

have to는 '~을 해야한다' 는 의무의 표현입니다. must도 비슷한 표현으로 You must go to the hospital이라고 표현하면, have to보다 더욱 강하게 권하는 표현이 됩니다.

활용 expression

He is sick. He has to take a rest.
히 이즈 씩. 히 해즈 투 테이크 어 레스트
◀ 그는 아파요. 휴식을 취해야 해요.

Why do you cough a lot?
와이 두 유 커프 얼 랏?
◀ 왜 그렇게 기침을 많이 하나요?

I had a cold.
아이 해드 어 코울드
◀ 감기에 걸렸어요.

Are you okay?
아 유 오케이?
◀ 괜찮아요?

Yes, I have a cough, but I don't have a fever nor a headache.
예스, 아이 해브 어 커프 벗 아이 돈ㅌ 해브 어 피버 노어 헤드에이크
◀ 네. 기침이 나지만 열이나 두통이 있진 않아요.

I have an appointment with a dentist today.
아이 해브 언 어포인먼트 윗 어 덴티스트 투데이
◀ 오늘 치과의사와 약속이 있어요.

Do you have a toothache?
두 유 해브 어 투쎄이크?
◀ 치통이 있어요?

Yes, I have a very bad toothache.
예스, 아이 해브 어 베리 배드 투쎄이크
◀ 네. 치통이 아주 심해요.

take a rest 휴식을 취하다
appointment 약속
catch a cold 감기에 걸리다
dentist 치과의사
headache 두통
toothache 치통

One point 문법 – have to에 대하여

have to는 '~해야 한다'는 뜻입니다. 회화체에서는 have got to라고 got을 중간에 넣어 많이 사용합니다.

비슷한 의미를 갖는 것으로 must, should가 있습니다만 강세의 정도가 다르기 때문에 구별해서 사용해야 합니다. have to와 must는 강한 의무의 의미가 있습니다.
have(got) to의 경우, 외부적인 압력에 의해서 꼭 해야 할 일을 나타낼 때 사용하고, must는 화자의 의지가 들어간 의무를 나타내거나 강력한 충고를 할 때 사용합니다. 반면, should는 가볍게 충고할 때 사용할 수 있습니다.
must, have(got) to, should는 문장 내에서 조동사 역할을 하므로 뒤에 항상 동사 기본형이 옵니다.

해야 한다

해야 한다	의미 정도
must	화자의 의지가 들어간 의무사항, 강력한 충고
have(got) to	외부적인 압력에 의해 해야 하는 일
should	가벼운 충고

- **You must get it done by tomorrow.**
  내일까지 꼭 일을 마쳐야 해요.
- **I have to do my homework.**
  숙제를 꼭 해야 해요.
- **You should go now.**
  지금 가는 게 좋겠어요.
- **You have to eat breakfast.**
  아침을 꼭 먹어야 해요.
- **He has to give a presentation.**
  그는 발표를 해야 해요.

전치사의 사용법 (2) – 장소

장소를 나타내는 전치사의 사용법 예문

at : 비교적 좁은 장소를 나타내며 장소의 한 지점을 가리킨다

- **We met at the station.** 우리는 역에서 만났다.
- **She is sleeping at home.** 그녀는 집에서 자고 있다.

in : 도시, 나라 및 비교적 넓은 장소나 건물 안 등을 나타낸다

- **I was born in Seoul.** 나는 서울에서 태어났다.
- **She is in the school.** 그녀는 학교에 있다.

on : 특정 장소의 면을 나타냄(책상 위, 벽면)

- **The clock is on the wall.** 시계가 벽면에 있다.
- **There are many apples on the table.** 식탁 위에 사과가 많이 있다.

- **그 외 장소를 나타나내는 주요 전치사**

under ~아래에	**over** ~위에	**behind** ~뒤에	**in front of** ~앞에
above ~위쪽에	**below** ~아래쪽에	**near** ~가까이에	**beside** ~옆에
out of ~밖으로	**into** ~안으로	**across from** ~ 맞은편에	
between A and B A와 B 사이에			

- **The hospital is beside the station.** 병원은 역 옆에 있다.
- **The woman is standing under a tree.** 그 여자는 나무 아래 서 있다.
- **The bookstore is across from the bank.**
  그 서점은 은행 맞은 편에 있다.

Self test!!

1. 다음 (   )에 들어갈 수 없는 것을 고르시오.

>> I (   ) go now. 지금 가는 게 좋겠어요.

1) has
2) must
3) have to
4) should

2. 다음 (   )에 공통으로 들어갈 알맞은 것을 고르시오.

>> I (   ) a stomachache.   >> I (   ) a fever.

1) have   2) must   3) have to   4) should

3. '나는 감기에 걸렸다'에 틀린 표현을 고르시오.

1) I had a cold.
2) I caught a cold.
3) I got a cold.
4) I am cold.

4. '해야 한다'는 충고의 의미가 강한 것을 고르시오.

1) must   2) should   3) have to

5. 다음 질문의 대답으로 틀린 것을 고르시오.

>> What's wrong with you?

1) I feel sick.
2) I have a fever.
3) I have a headache.
4) I have a meeting.

6. 다음 질문의 대답으로 알맞은 것을 고르시오.

>> Why don't you see a doctor?

1) I don't think so.
2) That's no problem.
3) I am going to hospital now.
4) I am glad to see him.

Answer ❶ 1) ❷ 1) ❸ 4) ❹ 1) ❺ 4) ❻ 3)

직업에 관한 영단어 1

public official
공무원 퍼블릭오-피서-

police officer
경찰관 펄리-스 오-피서

professor
교수 프러페서

soldier
군인 소울저-

president
대통령 프레즈던트

scientist
과학자 사이언티스트

firefighter
소방관 파이어-파잇터-

judge
판사 저지

reporter
기자 리포-터-

farmer
농부 파-머-

lawyer
변호사 로이어

pharmacist
약사 파-머시스트

doctor
의사 닥터-

accountant
회계사 어카운턴트

fisherman
어부 피셔-먼

— Day —
18

What time is it now?
지금 몇 시예요?

기본패턴

What time is it now?
What day is it today?

Anna : I am very hungry. 너무 배가 고파요.
아이 엠 베리 헝그리

Mark : Me too. 저도 그래요.
미 투

Anna : What time is it now? 지금 몇시예요?
왓 타임 이즈 잇 나우?

Mark : It's 12 o'clock. 12시예요.
잇츠 투웰브 어클락

Anna : Oh, it is time to go for lunch.
오, 잇 이즈 타임 투 고우 포 런치
아, 점심 먹으러 갈 시간이네요.

I am very hungry.

I am very hungry는 '배가 몹시 고프다'라는 표현입니다. I am hungry에 문장에 very를 넣어 강조해주면 I am starving의 의미로 '배가 고파서 죽을 지경이에요'라는 표현이 됩니다.

What time is it now?

'지금 몇 시예요?'라는 뜻으로 현재시간을 물어볼 때 쓰는 표현입니다. now를 붙여 현재 시간을 강조합니다.

Do you have the time? 몇 시예요?
Do you have time? 시간 있어요?

일반적인 시간을 일컫는 time에는 정관사 the가 없이 사용되는데, 위의 첫번째 문장에서처럼 Do you have the time?이라고 묻는 경우, 여기에서 the time은 현재의 시각을 의미합니다. 따라서 What time is it now?와 같은 뜻이 됩니다. 다만, 정관사가 잘 들리지 않으므로 Do you have time? '시간 있어요'라고 잘못 들을 수도 있으므로 주의바랍니다.

It is 12 o'clock.

앞에서 Is it~?으로 질문했으므로, 답문은 It is~라고 하게 됩니다. 날씨, 시간, 요일 등을 나타낼 때 문장의 주어로 사용하되 특별히 해석 하지 않는 it을 가리켜 '비인칭 주어'라고 합니다. 예를 들면 It is sunny today '오늘 날씨가 화창하네요', It is cold '날씨가 추워요'와 같이 주어 자리에 it를 놓게 됩니다.

It is time to go for lunch.

It is time to~는 '~하러 갈 시간이에요'라는 의미입니다. 여기서는 go for lunch를 사용하여 '점심먹으러 갈 시간이에요'가 되지만 아침은 breakfast, 저녁은 dinner를 lunch 대신 넣어주면 됩니다. 자주 사용하는 표현이므로 익혀두도록 합시다.

New words

very 매우 **hungry** 배고픈 **time** 시간 **now** 지금
go 가다 **It is time to~** ~하러 갈 시간이다 **for** ~하기 위해
lunch 점심

I am very busy today.
아이 엠 베리 비지 투데이

◀ 오늘 무척 바쁘네요.

So am I.
쏘 엠 아이

◀ 저도 그래요.

I saw the movie.
아이 써 더 무비

◀ 그 영화 봤어요.

So did I.
쏘 디드 아이

◀ 저도 봤어요.

주의 **Do you have the time?**
두 유 해브 더 타임?

◀ 지금 몇 시예요?

It is one o'clock.
잇 이즈 원 어클락

◀ 1시 정각이에요.

It is one thirty.
잇 이즈 원 써리

◀ 1시 30분이에요.

It is six fifteen.
잇 이즈 식스 피프틴

◀ 6시 15분이에요.

주의 **Do you have time?**
두 유 해브 타임?

◀ 시간 있어요?

One point 문법 – it의 용법

비인칭 주어 it은 주어 자리에 위치해 있지만, 굳이 해석할 필요는 없습니다. 왜냐하면 영어는, 언어 구조상 주어가 꼭 필요하기 때문에 의미상 해석이 필요없는 it으로 주어의 자리를 메꾼 것일 뿐입니다.

이러한 'it'은 날씨, 시간, 거리, 요일 등을 나타낼 때 사용합니다.

How is the weather in Seoul? 서울 날씨가 어때요?

- **It's rainy.** 비가 와요.
- **It's sunny.** 화창해요.
- **It's cloudy.** 흐려요.

What month is it? 몇 월이에요?

- **It is April.** 4월이에요.

⊙ **월을 바꿔가며 연습해 봅시다!**

January : 1월	February : 2월	March : 3월
April : 4월	May : 5월	June : 6월
July : 7월	August : 8월	September : 9월
October : 10월	November : 11월	December : 12월

What day is it today? 오늘 무슨 요일이에요?

- **It is Friday.** 금요일입니다.

⊙ **요일을 바꿔가며 연습해봅시다!**

Monday : 월요일	Tuesday : 화요일	Wednesday : 수요일
Thursday : 목요일	Friday : 금요일	Saturday : 토요일
Sunday : 일요일		

영어로 시간 이야기 하기

시간을 물어 보는 표현

- **What time is it now?**
- **Do you know what time it is?**
- **Do you have the time?**
- **Could you tell me the time?**

위의 표현들에 대한 대답에 대해 알아 봅시다.

6:00
six o'clock/it's six.

6:05
five after six

6:15
a quarter past(after) six

6:30
six thirty
half past(after) six

6:45
six forty - five
a quarter to(of) seven

6:50
ten to seven

Self test!!

1. 다음 영어를 우리말로 알맞게 해석한 것을 고르시오.

1) I am very hungry.
2) What time is it now?
3) It is 12 o'clock.
4) It is time to go for lunch.

Ⓐ 지금 몇 시에요?　Ⓑ 너무 배가 고파요.　Ⓒ 점심 먹으러 갈 시간이에요.　Ⓓ 12시예요.

2. 다음 중 틀린 표현을 고르시오.

1) It's sunny.
2) It's Sunday morning.
3) It's Monday.
4) It's a student.

3. 다음 질문의 대답으로 알맞은 것을 고르시오.

〉〉 Do you have the time?

1) I have time.
2) So did I.
3) Thank you.
4) It's 2 o'clock.

4. 다음 문장을 영어로 옮기시오.

〉〉 몇 시입니까?

5. 다음 문장 중 뜻이 다른 것을 고르시오.

〉〉 7시 10분입니다.

1) It's seven ten.
2) It's ten minutes after seven.
3) It's ten after seven.
4) It's ten before seven.

Answer ❶ 1) Ⓑ 2) Ⓐ 3) Ⓓ 4) Ⓒ　❷ 4)　❸ 4)　❹ What time is it?/Do you have the time?　❺ 4)

직업에 관한 영단어 2

policeman
경찰관 폴리스맨

nurse
간호사 너-스

stewardess
스튜어디스 스튜어디스

athlete
운동선수 애쓸릿트

model
모델 모들

dancer
무용가 댄서-

hairdresser
미용사 헤어-드레서-

secretary
비서 세크러테리

shopkeeper
상인 샵키-퍼-

businessman
사업가 비즈니스맨

cook
요리사 쿡

musician
음악가 뮤-지션

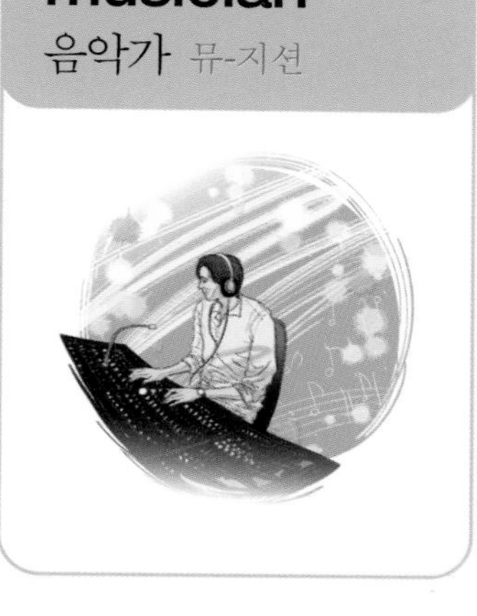

writer
작가 라이터

artist
화가 아-티스트

pilot
조종사 파일럿

Day 19

Can you play the piano?

피아노를 칠 수 있어요?

기본패턴

Can you play the piano?
Can you help me?

Anna : Wow, look at the pianist!
와우, 룩 앳 더 피애니스트!
와아, 저 피아니스트 좀 보세요!

Mark : She is really great!
쉬 이즈 뤼얼이 그레이트!
정말 잘 치네요!

Anna : Yeah, Can you play the piano, Mark?
예아, 캔 유 플레이 더 피애노, 마크?
정말이에요. 마크씨는 피아노를 칠 수 있어요?

Mark : No, I can't. But I want to learn it.
노우, 아이 캔트. 벗 아이 원 투 런 잇
아니요, 못쳐요. 그런데 배우고 싶어요.

Anna : Oh, you can do it well!
오, 유 캔 두 잇 웰!
아, 잘 할 수 있을거예요.

New words

pianist 피아니스트
look at ~을 보다
want to ~을 원하다
can ~을 할 수 있다

Look at the pianist.

Look at~은 '~좀 보세요'라는 의미입니다. 뭔가 중요한 것을 말하기 전에 일단 Look at the flowers over there! '저기 저 꽃들을 보세요'라고 상대방의 관심을 끌고 나서, They are all blue '모두 파란색이에요'라고 말하고 싶었던 내용을 강조할 수 있습니다.
피아노를 치는 사람은 pianist, 바이올린을 켜는 사람은 violinist인 것처럼 사람을 나타내는 표현으로 '~ist'를 사용합니다.

Can you play the piano?

can은 '~을 할 수 있다'는 가능성을 나타내는 조동사입니다. I can do it! '나는 할 수 있어!'와 같이 의지를 나타내는 표현이기도 합니다.
조동사 can으로 질문을 받은 경우, 할 수 있으면 Yes I can, 할 수 없으면 No, I cannot(축약형 can't)으로 대답하면 됩니다.
Can she(he, they)~?의 질문에 대해서는 주어에 맞게 Yes, she(he, they) can~으로 대답하면 됩니다.

No, I can't. But I want to learn it.

'~할 수 없다'는 표현으로 can에 not을 붙여 I can not이라고 합니다. 만약 '~할 수 있다'면 I can을 사용하면 됩니다. 일반 동사와 달리 조동사를 부정할 경우 not의 위치는 바로 조동사 뒤가 됩니다.
I want to~는 '~하기를 원한다'는 표현입니다.

You can do it!

'할 수 있어요!'라는 표현입니다. 여기서는 Good luck to you '행운을 빌어요'라는 의미로 바꿔 사용해도 됩니다.

활용 expression

Lecture

Can you play tennis?
캔 유 플레이 테니스?

◀ 테니스 칠 줄 아세요?

No, I can't. But I want to learn it.
노우, 아이 캔트. 벗 아이 원 투 런 잇

◀ 아니요, 못 쳐요.
하지만 배우고 싶어요.

Can he play the guitar?
캔 히 플레이 더 기타?

◀ 그는 기타 칠 줄 알아요?

No, he can't.
But I think he wants to learn it.
노우, 히 캔트, 벗 히 원스 투 런 잇

◀ 아니요, 못 쳐요.
하지만 그는 배우고 싶어해요.

I can't read Hangul.
아이 캔트 뤼드 한글

◀ 저는 한글을 못 읽어요.

I will teach you.
아이 윌 티치 유

◀ 제가 가르쳐 줄게요.

Can you help me?
캔 유 헬프 미

◀ 저 좀 도와줄래요?

Sure.
슈어

◀ 좋이요.

learn 배우다
hair 머리카락
play tennis 테니스를 치다
play the guitar 기타를 치다

One point 문법 – 조동사 can의 용법

우선 영어의 조동사란 무엇인가에 대해서 알아봅시다.
조동사에서 조(助)는 돕는다는 의미로 뒤에 놓이는 (일반)동사를 도와주는 동사를 말합니다. 따라서 조동사는 혼자서는 쓰일 수 없으며 조동사 뒤에는 반드시 문장의 주된 의미를 전달하는 주동사의 기본형이 와야 합니다.
조동사 중 하나인 can은 '~할 수 있다'라는 뜻으로 '가능'의 의미를 지닌 조동사입니다. 그렇다면 조동사 can은 언제 사용할까요?

능력, 가능 : ~할 수 있다

흔히 우리가 can하면 떠오르는 'I can do it'에서 can의 뜻은 '~할 수 있다'라는 뜻을 지니며 이는 be able to로 바꾸어 쓸 수 있습니다.

- **I can swim.**
- **I am able to swim.**

나는 수영을 할 수 있다.

허가 : ~해도 좋다

허가를 구하는 '~해도 될까요?'라는 표현은 can I~?로도 May I~?로도 나타낼 수 있으나 can I~?라고 하는 경우가 훨씬 캐쥬얼한 분위기에서 사용되고, 좀 더 정중하게 상대방을 높이면서 허가를 구하는 경우는 May I~?라고 하는 것이 바람직합니다. 친구에게 펜을 빌리는 상황이라면 Can I borrow your pen? '펜 좀 빌려도 될까?'라고 할 수 있지만, 학생이 교수에게 수업을 일찍 나가도 되는지 허가를 구하는 경우에는 응당 May I leave a class early? 라고 하는 것이 올바른 용법이라고 할 수 있습니다.

요청 : ~해주다

요청일 때는 조금 더 정중한 표현으로 could를 사용할 수 있습니다.

- **Can(could) you help me, please?** 좀 도와주시겠어요?
- **Could you close the window, please?**
  창문 좀 닫아주시겠어요?

비교급의 사용법 (1)

비교는 말 그대로 두 가지를 놓고 비교하는 것을 말한다.
종류로는 동등비교, 우열비교, 최상급 비교가 있다.
비교급, 최상급을 만드는 규칙은 매우 중요하므로 반드시 익혀 두도록 하자.

형용사(부사)

원급 + er, est

	원급	비교급	최상급
형용사(부사)원급+er, est	long tall fast	longer taller faster	longest tallest fastest
끝이 e로 된 형용사(부사) 원급 + r, st	large late wise	larger later wiser	largest latest wisest
단모음+단자음으로 끝나는 1음절의 형용사(부사) 자음을 한번 더 씀+er, est	hot fat sad	hotter fatter sadder	hottest fattest saddest
자음+y로 끝나는 형용사(부사) y를 I로 고치고+er, est	happy pretty easy	happier prettier easier	happiest prettiest easiest
ous, ful, ish, less, ing, ive more + 원급 / most + 원급	beautiful famous expensive	more beautiful more famous more expensive	most beautiful most famous most expensive

불규칙 변화들은 무조건 외우는 수밖에 없습니다.

good(well)	**better**	**best**
many(much)	**more**	**most**
bad(ill)	**worse**	**worst**
little	**less**	**least**
few	**fewer**	**fewest**

Self test!!

1. 다음 영어를 우리말로 알맞게 해석한 것을 고르시오.

1) Wow, look at the pianist!
2) Can you play the piano?
3) No, I can't. But I want to learn it.
4) She's really great!

Ⓐ 와아, 저 피아니스트 좀 보세요!
Ⓑ 정말 잘 치네요!
Ⓒ 피아노 칠 수 있어요?
Ⓓ 아니요, 못쳐요. 그런데 배우고 싶어요.

2. 다음 중 can의 의미가 다른 하나를 고르시오.

1) Can you play tennis?
2) Can you play the guitar?
3) Can you play the piano?
4) Can you help me?

3. 다음 질문의 대답으로 알맞은 것을 고르시오.

〉〉 Can you play the piano?

1) No, I can't. But I want to learn it.
2) Yes, I do.
3) You can do it!
4) Look at the pianist.

4. 틀린 부분을 찾아 알맞게 바꾸시오.

〉〉 I will can skate someday.

____

5. 다음 중 허가를 나타내는 can이 아닌 것을 고르시오.

1) Can I use your pen?
2) Can I go now?
3) Can you help me?
4) Can I eat this food?

Answer ❶ 1) Ⓐ 2) Ⓒ 3) Ⓓ 4) Ⓑ ❷ 4) ❸ 1) ❹ will이나 can중 하나를 삭제 ❺ 3)

운동에 관한 영단어

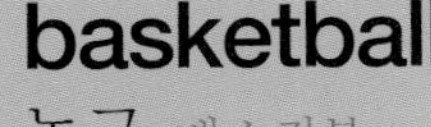

basketball
농구 배스킷볼

volleyball
배구 발리볼

rugby
럭비 럭비

soccer
축구 사커-

baseball
야구 베이스볼

tennis
테니스 테니스

swimming
수영 스위밍

skate
스케이트 스케이트

skiing
스키 스키잉

golf
골프 골프

boxing
권투 박싱

rafting
레프팅 레프팅

wrestling
레슬링 레슬링

badminton
배드민턴 배드민턴

table tennis
탁구 테이블 테니스

Day 20

May I use your phone?

전화 좀 써도 될까요?

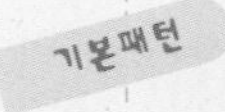

May I use your phone?
May I use your pen?

Anna : **Oh my god! I lost my phone!**

오 마이 갓! 아이 로스트 마이 폰!

이럴 수가! 전화기를 잃어버렸어요!

Did you see my phone, Tom?

디드유 씨 마이 폰, 탐?

제 핸드폰 봤어요? 탐?

Tom : **No, I didn't.** 아니요, 못 봤어요.

노우, 아이 디든ㅌ

Anna : **May I use your phone?**

메이 아이 유즈 유어 폰?

전화 좀 쓸 수 있을까요?

Tom : **Sure, here you are.**

슈어, 히어 유 아

물론이에요. 여기 있어요.

Oh my god!

믿기지 않은 일이 발생했을 때 사용하는 표현입니다.
'어쩌면 이런 일이!'라는 뜻으로 긍정, 부정적인 의미 모두 사용가능합니다. 같은 표현인 Oh my goodness! 도 많이 사용됩니다.

I lost my phone.

과거의 일이므로 동사를 과거형으로 사용해야 합니다. 기본형 lose(잃다)는 불규칙 동사이므로 과거형 lost를 사용했습니다.

May I use your phone?

상대에게 핸드폰을 빌려달라는 공손한 표현으로 허가의 조동사 may를 사용합니다.
may가 사용되는 다른 표현으로 패스트 푸드점이나 음식점, 혹은 상점에 들어가면 점원이 들어온 손님에게 주로 쓰는 표현이 How may I help you? '무엇을 도와드릴까요?' 입니다. 혹은 Can I help you?, What can I do for you? 등의 표현도 사용될 수 있습니다.
hand-phone(핸드폰)은 한국식으로 영단어를 조합하여서 만든 단어이고, 정확한 표현은 cellular phone, 줄여서 cell phone이라고 합니다.

New words

Oh my god 이럴수가! **lose** 잃다 **lost** (lose의 과거형) 잃어버렸다 **sure** 물론이지
my 나의 **phone** 전화기 **use** 사용하다 **here you are** 여기있어

활용 expression

Lecture

May I use your pen?
메이 아이 유즈 유어 펜?

◀ 펜 좀 사용해도 될까요?

May I use your computer?
메이 아이 유즈 유어 컴퓨러?

◀ 컴퓨터 좀 사용해도 될까요?

May I use your MP3?
메이 아이 유즈 유어 엠피쓰리?

◀ MP3 좀 사용해도 될까요?

May I use your toothpaste?
메이 아이 유즈 유어 투쓰페이스트?

◀ 치약 좀 사용해도 될까요?

Did you see my bag?
디드유 씨 마이 백?

◀ 제 가방 봤어요?

Did you see my necklace?
디드유 씨 마이 네클리스?

◀ 제 목걸이 봤어요?

Did you see my glasses?
디드유 씨 마이 글래씨즈?

◀ 제 안경 봤어요?

Did you see my eraser?
디드유 씨 마이 이뤠이저?

◀ 제 지우개 봤어요?

Did you see my mechanical pencil?
디드유 씨 마이 미케니컬 펜슬?

◀ 제 샤프펜슬 봤어요?

bag 가방
eraser 지우개
toothpaste 치약
necklace 목걸이
mechanical pencil 샤프
glasses 안경
pen 펜

One point 문법-조동사 'may'의 용법

추측 : ~일지도 모른다

- **It may rain.**
- **It might rain.**

비가 올지도 몰라요.

허락 : ~해도 좋다

- **You may use it.** 그것을 사용해도 좋아요.
- **May I come in?** 제가 들어가도 될까요?

요청

- **May I speak to Tommy?** 토미와 통화할 수 있을까요?

기원

- **May you live longer!** 오래 오래 사세요!
- **May you pass the exam!** 시험에서 합격하길!
- **May God bless you!** 신의 은총을 받으소서!

관용어구

❶ may(might) as well : 차라리 ~할 것이다

A : The subway has stopped running. 지하철이 멈췄어요.
B : We might as well take a taxi. 택시를 타는 것이 낫겠어요.

❷ may(might) well : ~하는 것은 당연하다

- **Look at his hair! He may well be over fifty.**
그의 머리카락을 보세요! 50세가 넘었을 거예요.

비교급의 사용법 (2)

비교급 사용법 예문

동등 비교

as + A + as + B : B 만큼 A하다

- **Anna is as cute as Jane.** 안나는 제인만큼 귀엽다.
- **He is as tall as Mark.** 그는 마크만큼 키가 크다.

비교급 비교

대체로 2명을 비교할 때 사용합니다.

A(비교급) + than + B : B 보다 더 A 하다

- **She is prettier than Jane.** 그녀는 제인보다 더 예쁘다.
- **He runs faster than Mark.** 그는 마크보다 더 빠르다.

최상급 비교

the + 최상급 : 가장 ~한

2명 이상의 다수에서 최고를 가리킬 때 쓰는 표현으로 대체로 in my class, in his family, in the world, of all 등을 넣어서 표현 하기도 합니다.

- **Summer is the hottest season.** 여름은 계절 중 가장 덥다.
- **Seoul is the most beautiful city.** 서울은 가장 아름다운 도시이다.
- **This is the largest fish in our market.**
  그 생선은 우리 가게에서 가장 큰 생선이다.

※ 앞의 비교급 규칙들을 잘 활용해 보세요.

Self test!!

1. 다음 영어를 우리말로 알맞게 해석한 것을 고르시오.

1) I lost my phone.
2) Did you see my phone, Tom?
3) May I use your phone?
4) Sure, here you are.

Ⓐ 제 핸드폰 봤어요? 탐?
Ⓑ 물론이에요. 여기 있어요.
Ⓒ 전화기 좀 써도 될까요?
Ⓓ 전화기를 잃어버렸어요.

2. 다음 중 문법이 틀린 것을 고르시오.

1) Did you watch TV?
2) Did you eat dinner?
3) Did you see my bag?
4) Did you saw my wallet?

3. 다음 질문의 대답으로 알맞은 것을 고르시오.

〉〉 May I use your phone?

1) Sure, here you are.
2) No, I didn't.
3) She's really great!
4) You can do it!

4. 빈칸에 알맞은 단어를 채우시오.

1) [ ] you see my phone?
제 전화기 봤어요?

2) [ ] I use your phone?
전화 좀 써도 될까요?

3) [ ] I join you later?
나중에 제가 합류해도 될까요?

5. 다음에 제시하는 문장을 영어로 바르게 옮긴 것을 고르시오.

〉〉 그녀는 불어를 잘한다.

1) She can speak French very well.
2) She can speaks French very well.
3) She could speak French very well.
4) She could speaks French very well.

Answer ❶ 1) Ⓓ 2) Ⓐ 3) Ⓒ 4) Ⓑ ❷ 4) ❸ 1) ❹ 1) Did 2) May, Can 3) May, Can ❺ 1)

학교에 관한 영단어

grade
학년 그레이드

classmate
반친구 클래스메이트

dormitory
기숙사 도미트리

auditorium
강당 오-디토-리엄

after school
방과 후 애프터 스쿨

classroom
교실 클래스룸

gym
체육관 짐

homework
숙제 홈웍크

school cafeteria
교내식당 스쿨 카페테리어

playground
운동장 플레이그라운드

student
학생 스튜던트

teacher
선생님 티처

elementary school
초등학교 엘리멘터리 스쿨

midterm
중간고사 미드터-엄

textbook
교과서 텍스트북

— Day —
21

Will you go to the party?

파티에 갈 거예요?

기본패턴

Will you go to the party?
Will you join us?

Anna : Did you hear about the dance party?

디드유 **히**어 어바웃 더 **댄**스 **파**티?

댄스 파티 얘기 들었어요?

Mark : Yes, I did. It is tomorrow night.

예스, **아**이 **디**드. 잇 이즈 투**모**로우 **나**잇

네, 내일 밤에 한대요.

Anna : Will you go to the party?

윌 **유** 고우 투 더 **파**티?

파티에 갈거예요?

Mark : Of course, will you?

오브 **코**스, 윌 **유**?

물론이에요. 당신은요?

Anna : I will.

아이 윌

저도 갈거예요.

Did you hear about the dance party?

did는 의문 조동사 do의 과거형으로 Did you hear about~?은 '~에 대해서 들었어요?'로 해석하면 됩니다.
위 질문에 대한 답변으로 들었으면 Yes, I did 안 들었으면 No, I did not(=didn't)로 말하면 됩니다.

Will you go to the party?

앞에서 배운 can, may와 마찬가지로 will도 조동사입니다. will도 다양한 의미를 지니고 있지만 여기서는 '~할거야'라는 뜻으로 '의지'를 나타냅니다.

will you?/I will

will you?는 상대방의 의중을 물어볼 때 사용하며 '어떻게 할 거예요?'라는 의미입니다.
이에 대한 답변으로 긍정이면 I will로, 부정이면 I will not(=won't)로 대답합니다.
will you?처럼 평서문에 이어지는 짧은 의문문의 형태를 '부가 의문문'이라고 합니다.
예를 들어 The flower is pretty, isn't it?에서 처럼 '꽃이 예뻐요, 그렇지 않아요?'라는 의미를 갖게 되는데, 앞의 서술형 문장에 대해 상대방에게 동의를 구하는 짧은 의문문 형식을 추가시키는 것입니다. 반대로 꽃이 별로 예쁘지 않다고 생각하면서 이에 대해 동의를 구하려 한다면 The flower is not pretty, is it? '꽃이 예쁘지 않네요. 그렇죠?'라고 묻는 것입니다. 간단하게 부가의문문을 만드는 방법을 말하자면 주문장이 긍정문이면, (콤마)를 찍고 뒤에는 부정 의문문을, 주문장이 부정문이면, (콤마)를 찍고 뒤에는 긍정 의문문을 이어서 사용합니다.

ex **She can run fast, can't she?**
She can't run fast, can she?

What will you do tomorrow?
왓 윌 유 **두** 투**모**로우?

◀ 내일 뭐 할거예요?

I will go fishing with my friends.
아 윌 **고**우 **피**싱 윗 마이 **프**렌즈

◀ 친구들 하고 낚시하러 갈 거예요.

Who will do the next presentation?
후 윌 **두** 더 **넥**스트 프리젠**테**이션

◀ 누가 다음 발표를 할 거예요?

I will. / I will do the next.
아이 윌 / **아**이 윌 **두** 더 **넥**스트

◀ 저요 / 제가 다음에 할 거예요.

She will leave soon for her hometown in Japan.
쉬 윌 **리**브 **순** 포 허 **홈**타운 인 저**팬**

◀ 그녀는 일본에 있는 고향으로 곧 떠날 거예요.

It will rain tomorrow.
잇 윌 **뤠**인 투**모**로우

◀ 내일 비가 올 거예요.

Will you do me a favor?
윌 유 **두** 미 어 **페**이버?

◀ 제 부탁 하나 들어줄래요?

New Words

go fishing 낚시하러 가다
leave 떠나다
do a favor 부탁을 들어주다
next 다음
soon 곧
presentation 발표
hometown 고향

One point 문법-조동사 'will'의 용법

주어의 의지를 나타내는 will : '앞으로 ~하겠다, ~할 작정이다'

- **I will do my best.** 최선을 다할 거예요.
- **I will go and see a doctor.** 의사에게 진찰을 받으러 갈 거예요.
- **I will never forgive him.** 결코 그를 용서하지 않을 거예요.

주어의 의지와는 관계없는 will : 앞으로 '~될 것이다'

단순한 미래 추측

- **It will be fine tomorrow.** 내일은 날씨가 좋을 거예요.
- **They will arrive in Seoul tomorrow.**
  그들은 내일 서울에 도착할 거예요.

습관을 나타내는 will : '곧 잘 ~한다', '~하는 법이다'

- **The dog will bark when a person comes near it.**
  사람들이 가까이 오면 개는 짖는다.

will you~?의 용법

❶ 상대의 의지를 물을 때 : '~할 거예요?'

- **Will you go there alone?** 그곳에 혼자 갈거예요?
- **Will you study English tomorrow?** 내일 영어 공부를 할 거예요?

❷ 상대에게 요청할 때 : '~해 주실래요?'

- **Will you open the window?** 창문 좀 열어 주실래요?
- **Will you pass me the salt?** 소금 좀 건네 주실래요?

접속사의 용법(1) – 등위접속사

접속사에는 등위 접속사와 종속 접속사외 종류가 많이 있습니다.
여기서는 우리가 꼭 알아야 할 중요 접속사인 등위접속사에 대해서 알아보도록 하겠습니다.

등위 접속사의 예문

등위 접속사에는 and, but, or가 있습니다.

and : 단어+단어 / 문장+문장을 연결할 때 사용합니다.

- **He is brave and kind.** 그는 용감하고 친절하다.
- **She and I are friends.** 그녀와 나는 친구이다.

but : 서로 반대되거나 대립되는 것을 연결할 때 사용합니다.

- **I can speak Korean but I can't speak English.**
  나는 한국말은 할 수 있지만 영어로는 말할 수 없다.
- **She is ugly but smart.** 그녀는 못생겼지만 똑똑하다.

or : 둘 또는 셋 이상 중에서 선택할 때 사용합니다.

- **Which do you like better, hot or cold?**
  뜨거운 것 과 차가운 것 중 어느 것이 좋으세요?
- **Who is the happiest , Minsu, Tom, or Mark?**
  민수, 탐, 마크 중 누가 제일 행복한가요?

이외에도 등위 상관 접속사로
- **both A and B** : **A**와 **B** 둘 다
- **neiter A nor B** : **A**도 아니고 **B**도 아니다.
- **either A or B** : **A**나 **B** 중 어느 하나
- **B as well as A** : **A**뿐만 아니라 **B**도

등이 있습니다. 많은 문장을 접하면서 공부하시기 바랍니다.

Self test!!

1. 다음 영어를 우리말로 알맞게 해석한 것을 고르시오.

1) It is tomorrow night.
2) Will you go to the party?
3) Of course, will you?
4) Did you hear about the dance party?

Ⓐ 댄스 파티 얘기 들었어요?
Ⓑ 내일 밤에 한대요.
Ⓒ 파티에 갈거예요?
Ⓓ 물론이에요. 당신은요?

2. ( ) 부분은 부가 의문문을 나타낸 부분이다. 틀린 것을 고르시오.

1) You can't play the piano, (can you)?
2) She can't run fast, (can he)?
3) Be quiet, (will you)?
4) You can run fast, (can't you)?

3. 다음 질문의 대답으로 알맞은 것을 고르시오.

〉〉 Will you go to the party?

1) Of course, will you?
2) Yes, I did.
3) No,I don't.
4) Yes, I am.

4. ☐ 안에 적합한 부가의문문을 넣어 완성하시오.

1) You can't park here, ☐ ?

2) She can run fast, ☐ ?

Answer ❶ 1) Ⓑ 2) Ⓒ 3) Ⓓ 4) Ⓐ ❷ 2) ❸ 1) ❹ 1) can you 2) can't she

탈것에 관한 영단어

police car
경찰차 펄리-스 카-

ambulance
구급차 앰블런스

fire engine
소방차 파이어-엔진

train
기차 트레인

subway
지하철 서브웨이

airplane
비행기 에어-플레인

helicopter
헬리콥터 헬리캅터-

boat
배 보우트

ship
선박 쉽

cruise ship
유람선 쿠르즈 쉽

car
자동차 카

taxi
택시 택시

truck
트럭 트럭

bus
버스 버스

motorcycle
오토바이 모우터-사이클

Day 22

I am going to write a letter.

편지를 쓸 거예요

기본패턴

I am going to write a letter.
I am going to buy some papers.

Anna : Parents' Day is coming. 어버이날이 다가오고 있어요.
패어런츠 데이 이즈 커밍

Mark : What are you going to do? 뭐 할거예요?
왓 아 유 고잉 투 두?

Anna : I am going to write a letter. 저는 편지를 쓸 거예요.
아이 엠 고잉 투 롸잇 어 레러

Mark : That's a good idea! 좋은 생각이에요.
댓츠 어 굿 아이디어!

Anna : Do you have letter papers? 편지지가 있어요?
두 유 해브 레러 페이펄스?

Mark : No, I don't. I'm going to buy some papers.
노우, 아이 돈트. 아임 고잉 투 바이 섬 페이펄스
아니요, 편지지를 살 거예요.

New words

Parents' Day 어버이날
come 오다
write ~쓰다 **letter** 편지
buy 사다 **some** 약간의
letter papers 편지지

Parents' Day is coming.

어버이날은 Parents' Day라고 표현합니다. 한국은 어버이날을 기념하지만 미국은 Mother's Day(5월 둘째 일요일), Father's Day(6월 셋째 일요일)를 따로 기념하니 자녀들이 좀 바빠집니다.
'곧 다가온다'라는 표현으로 be+~ing를 사용해서 is coming이라고 표현했습니다.

What are you going to do?

be going to 구문이 나오는데 이는 '어디를 간다'는 뜻이 아니라 '~할 예정이다'라는 미래를 나타내는 표현입니다. 미래를 나타내는 조동사 will과 be going to는 미래시제를 나타낸다는 점에서 동일하지만 will 보다 be going to 쪽이 '좀 더 ~할 계획이 있다'는 계획성의 의미가 강합니다.

That's a good idea!

긍정적인 반응에 대한 표현으로, '좋은 생각이에요!'라는 의미입니다. That sounds great 혹은 That sounds good으로 바꿔 사용할 수도 있습니다.

Do you have letter papers?

'가지고 있다'라는 의미의 have동사를 사용했습니다. 질문에 대한 대답으로, 갖고 있으면 Yes, I do 갖고 있지 않으면 No, I don't 라고 나타내면 됩니다.

I'm going to buy some papers.

some은 '약간'의 의미를 지니고 있는데, 셀 수 있는 명사가 오는 경우 복수 형태의 명사를 사용해야 합니다. 예를 들면 some books(약간의 책), some robot toys(약간의 로봇장난감들)와 같이 명사 뒤에 s를 붙여서 한 개 이상임을 나타내 주어야 합니다. 물론 셀 수 없는 명사의 경우는 따로 복수 형태가 없으므로 May I have some water? 에서 처럼 그냥 사용할 수 있습니다.

활용 expression

Lecture

Are you going to meet her?
아 유 고잉 투 밋 허?
◀ 그녀를 만날 예정이에요?

Yes, I am.
예스, 아이 엠
◀ 네, 그래요.

No, I am not.
노우, 아임 낫
◀ 아니요, 그렇지 않아요.

Are they going to play tennis this afternoon?
아 데이 고잉 투 플레이 테니스 디스 애프터눈?
◀ 그들은 오늘 오후 테니스를 칠 예정입니까?

Yes, they are.
예스, 데이 아
◀ 네, 그렇습니다.

No, they aren't.
노우, 데이 안트
◀ 아니요, 그렇지 않습니다.

When are you going home?
왠 아 유 고잉 홈?
◀ 언제 집에 갈거예요?

I'm going now.
아임 고잉 나우
◀ 지금 갈 거예요.

meet 만나다
be going to ~할 예정이다
play tennis 테니스를 치다
go home 집에 가다

One point 문법 – be going to에 대하여

be going to의 의미는 '~할 작정이다, ~할 예정이다'라는 주어의 의지를 나타내기도 하고, '~할 것이다, ~하려던 참이다'와 같은 가까운 미래의 일을 나타내기도 합니다. 가장 기본적인 문법내용은 be going to 다음에는 반드시 동사의 기본형을 사용해야 한다는 것입니다.

❶ **I am going to go to church.**
교회에 갈 거예요.

❷ **He is going to went fishing.**
그는 낚시하러 갈 거예요.

위 예문에서 어떤 것이 맞는 문장일까요?

정답은 ❶번 문장입니다. be going to 다음에 동사의 기본형을 써야 하기 때문입니다. 불규칙 동사 go의 동사 변화, go(현재) – went(과거) – gone(과거분사)에서 be going to 다음에 went나 gone을 사용하면 틀린 문장이 되는 것입니다.

앞에 언급했던 것처럼 be going to는 이미 예정된 것을 하는 경우에 사용합니다.

- **I am going to take a golf class this semester.**
  이번 학기에 골프 수업을 들을 예정이에요.

반면에, will은 순간적인 의사표현에 사용합니다.

A : **I need some paper.** 종이가 좀 필요해요.
B : **I will go and bring some for you.** 제가 가서 좀 가져올게요.

접속사의 용법(2) – 종속 접속사

등위접속사가 대등한 절로 구성된 중문의 연결을 했다면 주절과 종속절로 구성된 복문을 연결하는 접속사를 종속접속사라고 합니다. 여기서는 종속접속사에 대해서 알아보도록 하겠습니다.

When : ~할 때, ~ 하면

- **When I was a child, I hated vegetable.**

  내가 어렸을 때 나는 야채를 싫어했다.

  - 의문사 When은 언제라는 뜻을 갖는다.

after : ~한 후에

- **I went home after I finished my work.**

  나는 일이 끝난 후에 집으로 갔다.

before : ~하기 전에

- **Please be sure to telephone us before you come.**

  오시기 전에 전화 주세요.

as soon as : ~하자마자

- **As soon as he saw a policeman, he began to run away.**

  그는 경찰을 보자마자 달리기 시작했다.

because : ~ 때문에, ~한 이유로

- **I don't like him because he is rude.**

  나는 그가 버릇이 없어서 싫어한다.

that : ~라는 것

- **I don't know that he will come or not.**

  그가 올지 안 올지 모른다.

1. 다음 영어를 우리말로 알맞게 해석한 것을 고르시오.

1) Parents' Day is coming.
2) What are you going to do?
3) I'm going to write a letter.
4) That's a good idea!

Ⓐ 뭐 할 거예요?
Ⓑ 어버이날이 다가오고 있어요.
Ⓒ 편지를 쓸 거예요.
Ⓓ 좋은 생각이에요.

2. 다음 중 틀린 문장을 고르시오.

1) I am going to play tennis.
2) She is going to make some cakes.
3) It is going to rain.
4) They is going to study English hard.

3. 다음 질문의 대답으로 알맞은 것을 고르시오.

〉〉 What are you going to do?

1) That's a good idea!
2) It's today.
3) I'm a teacher.
4) I'm going to write a letter.

4. ( )안에 '~할 예정이다' 라는 의미로 알맞은 표현을 넣으시오.

〉〉 I (   ) write a letter. 편지를 쓸거예요.

Answer ❶ 1) Ⓑ 2) Ⓐ 3) Ⓒ 4) Ⓓ ❷ 4) ❸ 4) ❹ am going to

동물에 관한 영단어

animal
동물 애니멀

cat
고양이 캣

bear
곰 베어-

giraffe
기린 저래프

camel
낙타 캐멀

wolf
늑대 울프

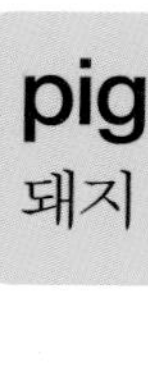

pig
돼지 피그

eagle
독수리 이글

dog
개 도그

horse
말 호-스

pigeon
비둘기 피전

deer
사슴 디어-

lion
사자 라이언

bird
새 버-드

sheep
양 쉽

— Day —
23

I am watching TV.

TV를 보고 있어요

기본패턴

I am watching TV.
I am playing the computer game.

Jane : Hello, this is Jane speaking. Is Tom there?
헬로우, **디**스 이즈 **제**인 **스**피킹. 이즈 **탐** 데어?
여보세요, 저 제인인데요. 탐 있습니까?

Tom : It's me Jane. What's up? 저예요 제인. 무슨 일이세요?
잇츠 **미** 제인. **왓**츠 **업**?

Jane : Nothing special. What are you doing?
낫씽 **스**페셜. **왓** 아 유 **두**잉?
그냥요. 지금 뭐 하세요?

Tom : I'm watching TV now. How about you?
아임 **왓**칭 **티**비 나우. **하**우 어바웃 **유**?
TV보고 있어요. 뭐하세요?

Jane : I'm playing the computer game.
아임 **플**레잉 더 컴**퓨**러 **게**임
저는 컴퓨터 게임하고 있어요.

This is Jane speaking.

전화 통화 시 '저는 누구입니다' 라는 표현은 This is ~speaking 입니다. 그냥 This is (It is) Jane이라고 하거나 Jane speaking이라고 해도 전화로 말하고 있는 사람이 Jane이라는 표현이 됩니다.

What's up?

여기서 up의 의미는 사전적인 의미로 '위' 라는 뜻이 아니라 '최근에 일어난 일'을 의미합니다. 한동안 못 본 친구라면 최근에 무슨 일이 있었는지 모르므로 '요즘 어떻게 지내요?', '무슨 새로운 일 있어요?' 라는 개념에서 What's up? 이라고 말합니다.
How are you? '잘 지내세요?' 와 같은 의미로 사용합니다.

Nothing special.

What's up?에 대한 대답으로 '특별한 일은 없어요' 즉 새로 업데이트 할 내용이 없다는 뜻입니다. Not much, nothing much 등도 비슷한 표현입니다.

What are you doing?

be+~ing의 형태를 사용해서 진행의 의미를 강조한 표현입니다. '지금 뭐하고 있어요?' 정도의 의미로, 일반동사 현재형을 사용한 what do you do? '뭐 하세요?, 직업이 뭐예요?' 와는 달리 지금 현재 무엇을 하고 있는지 '진행' 의 의미가 들어간 표현입니다.

I'm watching TV. / I'm playing the computer game.

be+~ing의 형태를 현재진행형이라고 합니다. 말 그대로 현재 진행되고 있는 상황을 묘사할 때 사용합니다. 구체적인 내용은 뒤에 나오는 one point 문법 ❶에서 좀 더 살펴보도록 하겠습니다.

May I speak to Brian?
메이 아이 스픽 투 브라이언?

◀ 브라이언과 통화할 수 있나요?

This is Brian speaking.
Who's calling, please?
디스 이즈 브라이언 스피킹. 후즈 콜링, 플리즈?

◀ 제가 브라이언인데요,
전화 주신 분은 누구세요?

Hi, Brian. It's Paul.
하이, 브라이언. 잇츠 폴

◀ 안녕, 브라이언. 저 폴이에요.

Can I speak to Julie?
캔 아이 스픽 투 쥴리?

◀ 줄리와 통화 할 수 있나요?

Hold on, please.
호울던, 플리즈

◀ 잠깐만 기다리세요.

Hi, Tom. It's me.
하이, 탐. 잇츠 미

◀ 안녕, 탐. 저예요.

You have the wrong number.
유 해브 더 뤙 넘버

◀ 전화 잘못거셨네요.

May (Can) I speak to~ ~와 통화할 수 있나요?
This is (이름) ~입니다
Hold on 잠시만 기다리세요
wrong number 잘못된 번호

One point 문법 – 현재진행형

현재진행형 시제는 현재 말하고 있는 순간 행해지고 있는 행동을 나타냅니다.

긍정문

be동사 + 일반동사 기본형 뒤에 ~ing

- **I am watching TV.** TV를 보고 있어요.
- **She is sleeping.** 그녀는 자고 있어요.
- **He is reading a book.** 그는 책을 읽고 있어요.

★ -e로 끝나는 동사 : -e가 탈락되고 ~ing가 붙습니다.

ex) have, drive, ride

- **We are having dinner.** 저녁식사 중이에요.
- **He is driving a car.** 그는 운전중이에요.
- **They are riding a bike.** 그들은 자전거를 타고 있는 중이에요.

부정문

주어 + be동사 + not + 일반동사 기본형 ~ing

말할 때에는 주로 축약형이 사용됩니다.

- **I am not reading a book.** 저는 책을 읽고 있지 않아요.
- **I am not watching TV now.** 저는 지금 TV를 보고 있지 않아요.
- **He is not having lunch.** 그는 점심을 먹고 있지 않아요.
- **They are not having dinner.** 그들은 저녁을 먹고 있지 않아요.

전화 통화 기본 표현

일상적 기본표현

Is Tom there? '탐 있습니까?'는 전화한 사람이 대화하고 싶은 상대를 다시금 확인하는 말로써, '누구누구네 집이죠?'라는 의미입니다.
'저는 누구입니다'라는 표현은 'This is(이름) speaking.'로 나타내거나, 간단히 This (It) is (이름) 혹은 (이름) speaking으로 나타냅니다.

잠시 대기 요청 표현

전화 요청받은 상대가 다른 일을 하고 있어서 직접 받지 못했을 경우 잠시만 기다려 달라는 표현으로는 Just a moment. / Wait a second. / Hold on, please 등이 있습니다. 이 역시 유용한 표현이니 잘 알아두도록 합시다. 만약 동료가 잠시 자리를 비운 사이에 동료의 전화를 받았다면 He is not at the moment라고 알리고 Would you like to leave a message?라고 응대하여 메시지를 남길 것인지를 묻는 것이 좋습니다.

잘못 건 전화에 대한 응대

상대방이 번호를 잘못 알고 있다거나, 잘못 걸었을 경우에는 You have the wrong number '전화 잘못 거셨습니다'라고 말해주면 됩니다. 이러한 상황 외에도 자주 사용 하는 표현들을 참고해서 직접 사용해보도록 합시다.

- 지금 잠시 자리에 안 계세요.
  He is out at the moment.
- 여기에 안 계세요.(퇴사하셨어요.)
  He is not here.
- 다시 한 번 말씀해 주시겠어요?
  Pardon me?
  I beg your pardon?
  Sorry. Can you say that again please?

1. 다음 영어를 우리말로 알맞게 해석한 것을 고르시오.

1) This is Tom speaking.
2) What's up?
3) What are you doing?
4) I'm playing the computer game.

Ⓐ 지금 뭐해요?
Ⓑ 컴퓨터 게임하고 있어요.
Ⓒ 탐이에요(전화).
Ⓓ 요즘 어떻게 지내요?

2. 다음 중 틀린 문장을 고르시오.

1) She is sleeping.
2) I'm not reading a book.
3) They are rideing a bike.
4) You are having dinner.

3. 다음 질문의 대답으로 알맞은 것을 고르시오.

〉〉 What are you doing?

1) I like listening to music.
2) My hobby is collecting stamps.
3) I'm watching TV now.
4) I want to learn it.

4. (   ) 안에 알맞은 단어를 넣으시오.

〉〉 (   ) I speak to Brian?
〉〉 (   ) Tom speaking.

Answer ❶ 1) Ⓒ 2) Ⓓ 3) Ⓐ 4) Ⓑ ❷ 3) ❸ 3) ❹ 1) May, Can 2) This is

바다 동물에 관한 영단어

crab
게 크랩

whale
고래 웨일

goldfish
금붕어 골드피쉬

dolphin
돌고래 돌핀

octopus
문어 악터퍼스

seal
물개 씰

fish
물고기 피쉬

lobster
바닷가재 랍스터-

sea lion
바다사자 씨-라이언

shark
상어 사-크

salmon
연어 새먼

cuttlefish
오징어 커틀피쉬

shellfish
조개 셀피쉬

tuna
참치 튜-너

sea horse
해마 씨-호스

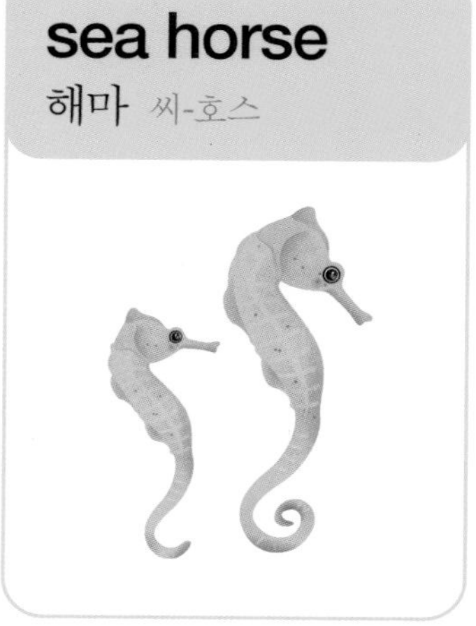

— Day —
24

Boys, be ambitious!

소년들이여, 야망을 품어라!

Boys, be ambitious!
Be careful.

Anna : What are you going to do in the future?
왓 아 유 **고**잉 투 두 인 더 **퓨**쳐?
커서 뭐 할 거예요?

Mark : I'm going to be a famous singer.
아임 고잉 투 비 어 **페**이머스 **싱**어
저는 유명한 가수가 될거예요.

Anna : You will be a famous singer around the world.
유 **윌** 비 어 **페**이머스 **싱**어 어라운 더 **월**드
당신은 전 세계에 걸쳐 유명한 가수가 될 거예요.

Mark : Do you really think that? 정말 그렇게 생각해요?
두 **유** **뤼**얼리 **씽** 댓?

Anna : Sure, Boys, be ambitious!
슈어, **보**이스, 비 엠**비**셔스!
그럼요, 소년들이여, 야망을 가져라!

What are you going to do in the future?

be going to do ~ in the future는 '미래에 ~를 할 거예요?' 라는 의미로 장래 희망, 꿈 등에 대해 얘기할 때 사용할 수 있습니다.

I'm going to be a famous singer.

가수는 셀 수 있는 명사이므로 불특정한 한 사람을 의미하는 부정관사 a를 넣어서 a singer '한 가수' 라고 사용합니다. famous는 '유명한' 이라는 뜻으로 a singer를 꾸며주는 수식기능을 합니다. 또한 여기서 be동사는 become의 의미로 '~이 되다' 라는 의미입니다.

You will be a singer around the world.

앞으로 일어날 일에 대한 것이므로 조동사 will은 미래 시제를 나타내었습니다. '전 세계적으로' 라는 의미로 around the world, all over the world를 사용 할 수 있습니다.

Do you really think that?

스스로 유명 가수가 되겠다고 했지만 상대방이 그럴 거라고 수긍하는 말을 하자, 다시 확인하는 차원에서 '정말 내가 그렇게 될 수 있을 거라고 생각해요?' 라고 묻는 의미로 사용하였습니다.

Boys be ambitious!

'소년들이여, 야망을 품어라' 라는 의미인데, 여기에 쓰인 boys는 한참 자라는 '청소년들' 을 나타냅니다. be 동사의 형태가 기본형으로 사용된 것은 명령문의 형태를 취하고 있기 때문입니다.

New words

famous 유명한 **a singer** 가수 **around the world** 전 세계에 걸쳐
sure 확신하다 **ambitious** 야망을 가진

What are you going to do in the future?
왓 아 유 고잉 투 두 인 더 퓨처?

◀ 장래에 뭐가 될 거예요?

I'm going to be a famous actor.
아임 고잉 투 비 어 페이머스 액터

◀ 유명한 배우가 될거예요.

What do you want to be?
왓 두 유 원 투 비?

◀ 뭐가 되고 싶어요?

I want to be a doctor.
아이 원 투 비 어 닥터

◀ 의사가 되고 싶어요.

I want to be a cook.
아이 원 투 비 어 쿡

◀ 요리사가 되고 싶어요.

What do you want to be in the future?
왓 두 유 원 투 비 인 더 퓨처?

◀ 미래에 뭐가 되고 싶어요?

In the future, I want to be a famous movie star.
인 더 퓨처, 아이 원 투 비 어 페이머스 무비 스타

◀ 미래에 유명한 영화 배우가 되고 싶어요.

actor 배우
doctor 의사
cook 요리사
In the future 미래에
movie star 영화배우

One point 문법 – be동사 명령문

명령문은 상대방인 you에게 지시하는 문장으로 주어인 you를 생략하고, 명령문을 만들 때는 반드시 동사 기본형을 써야 합니다.
예를 들어 You are quiet '당신은 조용하군요'라는 문장이 있습니다. 이것을 명령문으로 바꿔보면, are의 동사 기본형인 be를 쓰고 주어 you를 생략하여 Be quiet '조용히 하세요'가 됩니다.

ex ~~You~~ are quiet.
are의 기본형 사용

➡ **Be quiet.**

- **Be careful.** 조심해요.
- **Be quiet.** 조용히 하세요.
- **Be reasonable.** 이성적이 되세요.
- **Be practical.** 현실적으로 되세요.
- **Be honest.** 정직해라.
- **Be strong.** 강해져라.

부정관사와 정관사

부정관사 – 부정관사로는 a(an)이 있습니다. 주로 셀 수 있는 명사의 단수일 때 사용됩니다.

하나를 뜻할 때에 쓰입니다.

a boy, a pen, a book, a dog, a papper

단어의 자음 앞에서는 a를 쓰고 단어의 모음 앞에서는 a가 an으로 변합니다.

예 an apple, an orange, an hour

- **There is a cat in the house.** 집에 고양이가 한 마리 있다.
- **I have a class in the morning.** 나는 아침에 수업이 있다.
- **I have an orange.** 나는 오렌지 하나를 가지고 있다.

정관사 – 정관사 the는 셀 수 있는 명사, 셀 수 없는 명사 관계없이 모두 쓸 수 있습니다.

단 하나 밖에 없는 명사 앞에 쓰입니다.

the sun, the moon, the earth, the sky, the world

- **The sun rises in the east.** 해는 동쪽에서 뜬다.
- **I read a book in the library.** 나는 도서관에서 책을 읽었다.

앞에 나왔던 명사가 다시 나올 때 사용합니다.

- **This is a book. The book is interesting.** 이 책은 재미있다.
- **I bought a watch. The watch is very expensive.**
  나는 시계를 샀다. 그 시계는 매우 비싸다.

서로 알고 있는 것을 가리킬 때 사용합니다.

- **Close the window, please.** 창문 좀 닫아 주세요.
- **Pass me the salad, please.** 샐러드 좀 주시겠어요.

1. 다음 영어를 우리말로 알맞게 해석한 것을 고르시오.

1) What are you going to do in the future?
2) Sure, boys, be ambitious!
3) You will be a famous singer around the world.
4) I'm going to be a famous singer.

Ⓐ 나는 유명한 가수가 될 거예요.
Ⓑ 당신은 전 세계에 걸쳐 유명한 가수가 될 거예요.
Ⓒ 장래에 뭐를 할 거예요?
Ⓓ 그럼요, 야망을 가져요!

2. 다음 중 틀린 문장을 고르시오.

1) I'm going to be a famous actor.
2) Be careful.
3) I have a orange.
4) The sun rises in the east.

3. 다음 질문의 대답으로 알맞은 것을 고르시오.

〉〉 What are you going to do in the future?

1) I like listening to music.
2) I'm going to be a doctor.
3) I lost my phone.
4) Yes, I did.

4. 적혀진 뜻을 보고 (　　) 안에 들어갈 알맞은 단어를 쓰시오.

❶ (　　　) honest. 정직해라.
❷ I'm going to be a (　　　). 나는 선생님이 될 거야.

Answer ❶ 1) Ⓒ 2) Ⓓ 3) Ⓑ 4) Ⓐ ❷ 3) ❸ 2) ❹ 1) Be 2) teacher

식물에 관한 영단어

flower
꽃 플라워-

orchid
난초 오-키드

vine
덩굴 바인

cotton
목화 코튼

wheat
밀 위-트

lily
백합 릴리

barley
보리 발-리

pine
소나무 파인

corn
옥수수 콘

ginkgo
은행나무 깅코우

weed
잡초 위-드

rose
장미 로우즈

carnation
카네이션 카-네이션

tulip
튤립 튤립

sunflower
해바라기 선플라워-

Day 25

Do your best!

최선을 다하세요!

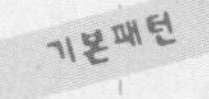

Do your best!
Keep in mind.

Anna : I failed my final exam. I'm so sad.
아이 **패**일드 마이 **파**이널 **이**그잼. 아임 쏘 **새**드
기말 시험에서 낙제했어요. 너무 슬퍼요.

Mark : You may have another chance. 다른 기회가 있을거예요.
유 메이 **해**브 어**나**더 **챈**스

Anna : You're right. Thanks. 맞아요. 고마워요.
유어 **롸**잇. **땡**스

Mark : Do your best! Good luck to you!
두 유어 **베**스트! 굿 **럭** 투 **유**!
최선을 다하세요! 행운을 빌게요!

I failed my final exam.

'(시험에) 낙제하다'라는 의미로 동사 fail을 사용합니다. final exam은 보통 학기말에 보는 '기말고사'를 의미합니다. '중간고사'는 midterm이라고 합니다.

You may have another chance.

'다른 기회가 있을 거예요'라는 의미로 내포된 의미는 '시험이 인생의 전부가 아니다'라는 뜻으로서 이번에는 낙제했지만, 다음에는 열심히 해서 통과하라는 긍정적인 표현입니다.

Do your best.

best는 good의 최상급, 즉 '최고'라는 뜻입니다. do one's best, try one's best는 숙어적인 의미로 '최선을 다하다'라는 뜻입니다. 따라서 최선을 다하면 '다 할 수 있을거예요'라는 뜻이 내포된 것으로, Don't give up은 '포기하지 마세요'의 의미 역시 함축되어 있습니다.

Good luck to you!

'행운을 빌게요'라는 뜻으로 'Cheer up'과 같이 '기운 내세요'라는 의미입니다.

New words

fail 실패하다 **final exam** 기말시험
another 다른 **chance** 기회 **do one's best** 최선을 다하다

I'm really worried about it.
아임 **뤼**얼리 **워**뤼드 어바웃 잇
◀ 난 정말 그게 걱정돼요.

What's going on?
왓츠 고잉 **온**?
◀ 무슨 일 있어요?

Cheer up!
치얼 **업**!
◀ 기운내세요.

I'm really concerned about it.
아임 **뤼**얼리 컨**썬**드 어바웃 잇
◀ 난 정말 그게 걱정돼요.

Forget about it.
포**겟** 어바웃 잇
◀ 잊어버리세요.

Is everything okay?
이즈 **에**브리씽 **오**케이?
◀ 괜찮으세요?

I always be with you.
아이 **얼**웨이즈 비 **윗** 유
◀ 항상 곁에 있을게요.

what's going on? 무슨 일 있어요?
cheer up 기운내다
Don't worry 걱정하지 마세요
everything 모든 것

One point 문법 – 일반동사 명령문

앞에서 be동사의 명령문에 대해서 배운 내용 기억나시나요?
이제는 일반 동사의 명령문 만드는 방법에 대해서 알아보도록 합시다.
우선 '일반 동사'란, be동사와 조동사를 제외한 모든 동사를 말합니다. 품사중에서 동사의 역할이 무엇인지 기억하세요?
행위의 주체인 주어가 하고 있는 행동 및 동작을 설명할 때 동사를 사용합니다.
동사의 역할은 예를 들면 eat(먹다), wear(입다), write(쓰다), drink(마시다), sleep(자다) 등과 같이 행위의 주체인 주어가 하고 있는 행동 및 동작을 설명하는 것입니다.
명령문을 만드는 방법은, 주어인 you를 생략하고 조동사가 있다면 역시 생략하여 일반 동사의 기본형으로 시작하는 문장을 작성하면 됩니다.
앞에서 설명한 것처럼 should는 가볍게 충고할 때 '~하는 게 좋겠어요' 정도로 사용하는 조동사입니다. 아래의 should가 들어간 문장을 명령문으로 바꾸는 경우, you should를 생략하고 동사의 기본형으로 시작하는 문장을 만들되, please를 붙여서 어조를 부드럽게 부탁하는 투로 바꾸어 주는 것이 좋습니다.

You should stay home.

➲ Stay home please.

You should open the door.

➲ Open the door, please.

You should close the window.

➲ Close the window, please.

격려, 위로의 표현

시험에서 떨어진 친구에게 격려 혹은 위로의 말을 하고 싶을 때, 사용하는 문장들입니다. 앞의 예문들 이외에도 아래의 추가적인 예문들을 통해 자신에게 적합한 상황에 맞는 표현을 골라 사용해보도록 합시다.

격려하는 표현의 예

- **Keep your mind ease.**
  맘 편히 가지세요.
- **It's nothing serious.**
  심각한 건 아니에요.
- **Everything is going to be fine.**
  모든 것이 다 잘 될거예요.
- **Tomorrow is another day.**
  내일이 있잖아요.(좋은날이 올 거예요.)

위로하는 표현의 예

- **I understand how you're feeling.**
  당신 기분이 이해돼요.
- **Call me whenever you need me.**
  제가 필요하면 언제든 전화하세요.
- **I know how you feel.**
  당신이 어떤 기분인지 알아요.
- **You're always in my prayer.**
  당신을 위해 항상 기도 할게요.

1. 다음 영어를 우리말로 알맞게 해석한 것을 고르시오.

1) You may have an other chance.
2) Good luck to you!
3) Do your best!
4) I failed my final exam.

Ⓐ 최선을 다하세요.
Ⓑ 기말시험에서 낙제했어요.
Ⓒ 다른 기회가 있을 거예요.
Ⓓ 행운을 빌게요!

2. 다음 표현들 중 나머지 셋과 다른 기능을 갖고 있는 것을 고르시오.

1) Is everything okay?
2) Cheer up!
3) I always be with you.
4) Hurry up!

3. 다음 질문의 대답으로 알맞은 것을 고르시오.

〉〉 You may have an other chance.

1) Of course, will you?
2) Yes, I did.
3) You're right. Thanks.
4) I will.

4. 아래의 문장을 명령문으로 알맞게 바꾸시오.

〉〉 You should open the door.

Answer ❶ 1) Ⓒ 2) Ⓓ 3) Ⓐ 4) Ⓑ ❷ 4) ❸ 3) ❹ 1) Open the door, please.

야채에 관한 영단어

vegetable
야채 베지터블

potato
감자 퍼테이토우

carrot
당근 캐럿

red pepper
고추 레드 팹퍼-

garlic
마늘 갈릭

radish
무 레디쉬

Chinese cabbage

배추 차이나-즈 캐비지

broccoli

브로콜리 브로컬리

spinach

시금치 스피니치

cabbage

양배추 캐비지

onion

양파 어니언

cucumber

오이 큐-컴버-

bean

콩 빈

pumpkin

호박 펌-킨

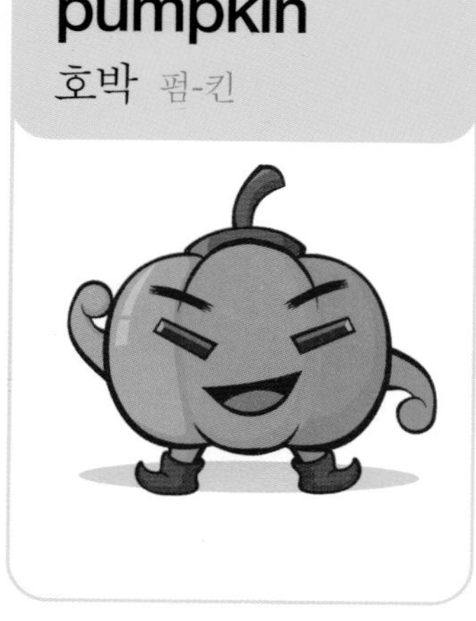

bell pepper

피망 벨 팹퍼-

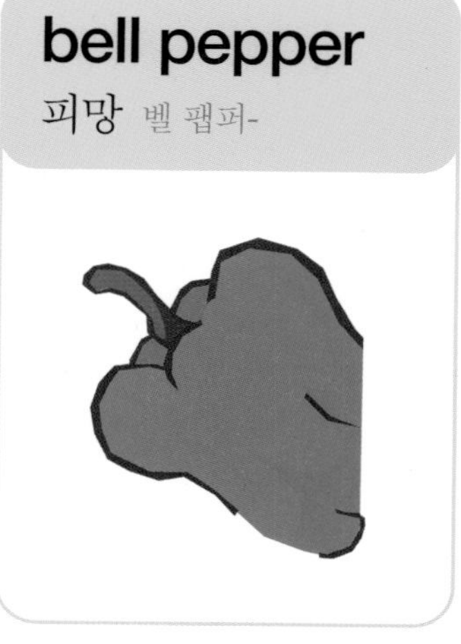

Day 26

How many people are there in a class?

한 반에 학생이 몇 명 있어요?

How many sisters do you have?
How many children do you have?

Anna : How many people are there in a class?
하우 **메**니 **피**플 아 데어 인 어 **클**래스?
한 반에 학생이 몇 명 있어요?

Mark : There are about thirty. 약 30명이에요.
데어 아 어바웃 **떠**리

Anna : How many English teachers are there?
하우 **메**니 **잉**글리쉬 **티**쳐스 아 데어?
영어 선생님은 몇 분 계세요?

Mark : There are two. 두 분 계세요.
데어 아 **투**

How many people are there in a class?

how는 '방법 · 정도 · 상태' 등에 관한 의문을 나타내는데 사용하는 의문부사입니다. many는 '많은' 이라는 뜻으로 사람이나 사물의 수를 셀 때 씁니다.
따라서 How many+셀 수 있는 명사 are there?는 '얼마나 많은 ~가 있어요?' 즉 '~가 몇 개 있어요?' 라는 의미로 많이 사용됩니다. 예를 들어 '책이 몇 권 있어요?' 혹은 '사과가 몇 개 있어요?' 라고 말하고 싶으면 다음과 같이 이 명사들을 넣어서 표현하면 됩니다.

- **How many books are there?**
  책이 몇 권 있어요?
- **How many apples are there?**
  사과가 몇 개 있어요?
- **How many months are there in a year?**
  1년은 몇 개월인가요?

위의 예문에서와 같이 many 다음에는 셀 수 있는 명사의 복수형이 옵니다.

There are about thirty.

There is~는 '~가 있다' 라는 뜻으로 존재를 나타내는 표현입니다. 단수일 경우에는 There is~를 복수일 때는 There are~를 사용합니다.
about은 '약, 거의, ~ 쯤' 이라는 뜻의 부사입니다.

New words

people 사람 **class** 학급, 반 **English** 영어 **teacher** 교사, 선생

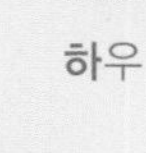

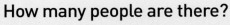

How many people are there?
하우 **메**니 **피**플 아 데어?
◀ 몇 사람이나 됩니까?

Um, there are about one hundred.
엄, 데어 아 어바웃 **원 헌**드레드
◀ 음, 한 100명쯤 될 거에요.

How many are there in your party?
하우 **메**니 아 데어 인 유어 **파**티?
◀ 일행은 몇 분이세요?

We are six.
위 아 **식**스
◀ 모두 여섯 명이에요.

How many brothers do you have?
하우 **메**니 브**라**더스 두 유 **해**브?
◀ 형제가 몇이세요?

I am an only child.
아이엠 언 **온**리 **촤**일드
◀ 외아들 / 외동딸이에요.

How much money do you have?
하우 머치 **머**니 두 유 **해**브?
◀ 얼마나 많은 돈을 가지고 있나요?

only child 외아들 / 외동딸 **one hundred** 100명

One point 문법 – how의 용법

how는 의문 부사로서 「방법 · 정도 · 상태」 등에 관한 의문을 나타내는 데 쓰입니다. how는 다음과 같은 용법상의 특징이 있습니다.
단독으로 동사를 수식하거나 how long, how fast와 같이 형용사 · 부사를 수식하는 경우가 많아 표현 영역이 넓습니다. what과 마찬가지로 감탄문을 만들기도 합니다.

방법이나 수단을 물을 때 사용합니다

A : **How can I get there?** 거기에는 어떻게 가면 됩니까?
B : **You can go there by subway.** 지하철로 갈 수 있어요.

어느 정도, 얼마나, 얼만큼 등의 수량을 물을 때 사용합니다

A : **How old are you?** 몇 살이에요?
B : **I am seventeen years old.** 17살이에요.

사물이나 사람의 상태를 물어볼 때 사용합니다

A : **How is your family?** 가족은 다들 안녕하세요?
B : **All my family are fine.** 저희 집안 식구들 모두 평안합니다.

이 밖에 여러 가지 회화에서도 많이 사용되므로 확실히 알아 두는 것이 좋습니다.

대문자의 사용법

영어의 알파벳에는 대문자와 소문자가 있는 것은 모두들 아는 사실입니다. 우리가 모두 아는 사실이지만 언제 대문자를 쓰는 걸까요? 이제부터 대문자가 언제 쓰이게 되는지 자세히 알아보도록 하겠습니다.

요일, 월, 휴일을 나타낼 때

- **Christmas is on Saturday.** 크리스마스는 토요일이다.
- **August has one holiday.** 8월은 휴일이 하루 있다.
- **There are 30 days in June.** 6월은 30일이다.

나라이름, 언어

Korea ○ Korean, Canadian ○ English
Mexican ○ Spanish

문장의 제일 처음에 시작하는 단어의 첫 글자

- **She likes me.** 그녀는 나를 좋아한다.
- **There are many books here.** 그곳에는 많은 책이 있다.
- **My brother is very hansome.** 내 남동생은 매우 잘생겼다.

특정 지명을 나타낼 때

대륙 – **South America, Asia**
나라 – **Korea, Egypt**
도시 – **Seoul, New York**
대양 – **Pacific Ocean, Atlantic Ocean**
강 – **Nile River**
산 – **Mount Everest, Mount Fuji**

※ 주의 - 방향은 대문자를 사용하지 않으니 주의해 주세요.
예 north, east, west, south

Self test!!

1. 다음 영어를 우리말로 알맞게 해석한 것을 고르시오.

1) How is your family?	Ⓐ 1년은 몇 개월인가요?
2) How old are you?	Ⓑ 가족은 다들 안녕하세요?
3) How can I get there?	Ⓒ 거기에는 어떻게 가면 됩니까?
4) How many months are there in a year?	Ⓓ 몇 살이에요?

2. 다음 중 how의 용법이 다른 하나를 고르시오.

1) How are you?
2) How are you feeling now?
3) How often do you go swimming?
4) How do you do?

3. 다음 질문의 대답으로 알맞은 것을 고르시오.

〉〉 How can I get to the airport?

1) I'm seventeen years old.
2) Um, there are about one hundred.
3) You can go there by subway.

4. 다음 영어를 우리말로 해석하시오.

1) How much is it by air mail? ____________________
2) How many days are there in a week? ____________________

5. 다음 단어를 순서대로 배열하여 영작하시오.

형제는 몇 명입니까?
(have, many, How, do, you, brothers, ?)

Answer
❶ 1) Ⓑ 2) Ⓓ 3) Ⓒ 4) Ⓐ ❷ 3) ❸ 3) ❹ 1) 항공우편은 얼마입니까? 2) 1주일은 몇일인가요?
❺ How many brothers do you have?

과일에 관한 영단어

fruit
과일 프룻트

strawberry
딸기 스트로-베리

lemon
레몬 레먼

quince
모과 퀸즈

melon
메론 메런

banana
바나나 버내너

pear
배 페어-

peach
복숭아 피-치

apple
사과 애플

cherry
앵두 체리

watermelon
수박 워-터-매런

tomato
토마토 토메이토우

persimmon
감 퍼씨멘

pineapple
파인애플 파인애플

grape
포도 그레이프

— Day —
27

What a nice surprise!

참 반가워요!

What a nice surprise!
What a fine day it is!

Soyeon : Oh, look who's here! What a nice surprise!

오, **룩 후**즈 **히**어! **왓** 어 **나**이스 써프**라**이즈!

와아, 이게 누구예요! 너무 반가워요.

Mark : Long time no see, Soyeon!

롱 **타**임 노 **씨**, 소연!

오랜만이에요, 소연씨!

Soyeon : I thought you were in San Francisco.

아이 **쏘**옷 **유** 워 인 **샌**프란**시**스코

샌프란시스코에 계신 줄 알았어요.

Mark : Oh, I came back a week ago.

오, **아**이 **케**임 백 어 윅 어고우

아, 일주일 전에 돌아왔어요.

Oh, look who's here! What a nice surprise!

Look who's here!는 직역을 하면 '여기 누가 있는지 보세요'라는 의미인데, '이게 누구야!'와 같이 정말 반갑고 친한 사람을 만났을 때 격의 없이 나눌 수 있는 인사말입니다. 다만 손위 사람이나 어려운 상대에게 쓰기에는 너무 격의 없는 말이니 유의해야 합니다.
What a nice surprise! 도 마찬가지로 예상치 못한 곳에서 갑자기 아는 사람을 만났을 때 반가움을 표현하는 인사말입니다.

Long time no see, Soyeon!

'오랜만이에요' 라는 뜻으로 한동안 보지 못했던 친구, 동료에게 서로 반가움을 표시할 때 사용하는 인사말입니다.

I thought you were in San Francisco.

thought는 think '생각하다, 숙고하다'의 과거형으로, '~라고 생각했었다'는 뜻입니다. 따라서 현재형 think와 달리 과거형은 생각과는 다른 상황, 사실에 대해 언급할 때 사용합니다. in은 전치사로 장소 · 위치 · 방향 등을 나타낼 때 사용하며 '~에'라는 뜻입니다.

Oh, I came back a week ago.

come back은 '돌아오다' 라는 표현으로 a week ago '일주일 전에'에 돌아왔으므로 과거형 came이 사용되었습니다.

New words

surprise 놀람 **thought** (think 숙고하다, 생각하다의 과거형) 생각했다
come back 돌아오다

활용 expression

Lecture

What a lovely cat!
왓 어 러블리 캣!
◀ 참 귀여운 고양이구나!

What a surprise!
왓 어 서프라이즈!
◀ 이렇게 놀라울 수가!

What a cute boy!
왓 어 큐트 보이!
◀ 정말 귀여운 아이구나!

What a mess!
왓 어 매스!
◀ 완전 엉망진창이군!

What a pity!
왓 어 피티!
◀ 가엾어라!

How beautiful she is!
하우 뷰터펄 쉬 이즈!
◀ 그녀는 정말 아름답군요!

How kind he is!
하우 카인드 히 이즈!
◀ 그는 정말 친절하군요!

How pretty they are!
하우 프리티 데이 아!
◀ 그들은 정말 아름답군요!

lovely 사랑스러운 **mess** 난잡

One point 문법 – 감탄문

'정말 ~이야!'라는 감탄문은 what과 how를 사용하여 만들 수가 있습니다. 이때의 what과 how는 의문의 의미를 갖지 않습니다.

what을 사용한 감탄의 표현

what으로 시작하고 뒤에 명사나 형용사가 옵니다. 관사는 what 다음에 옵니다. 물론 복수 명사가 올 때에는 관사 a는 오지 않습니다. 즉 어순이 'What+a+형용사+명사!'가 됩니다. 대부분 문장 끝에는 감탄부호(!)가 붙습니다.

- **What a fine day it is!** 정말 좋은 날씨예요!
- **What a big apple!** 와, 정말 큰 사과예요!

How를 사용하는 감탄표현

how로 시작하고 뒤에 형용사가 옵니다. what이 이끄는 감탄문과 다른 점은 뒤에 형용사만 오고 명사는 오지 않는다는 것입니다. 물론 관사도 없습니다. 어순은 'How+형용사!'가 됩니다. 문장 끝에는 감탄 부호(!)를 붙입니다.

- **How beautiful!** 와, 아름다워요!
- **How wonderful!** 멋지네요!

what이나 how를 사용하지 않아도 감탄을 표현할 수 있습니다. 단순히 Wonderful! 하여도 감탄의 표현이 되고 'That's wonderful!'도 역시 감탄의 표현이 됩니다.

셀 수 있는 명사

우리 주변에서 흔히 볼 수 있는 사람, 동물, 물건들(연필, 지우개 등)처럼 숫자로 셀 수 있는 명사와 집단 또는 단체를 말하는 집합명사(family, people,furniture 등)를 말합니다.

물건이 하나만 있을 때는

a + 명사 / an + 명사 / one + 명사

- **Jane has a pen.** 제인은 펜을 하나 가지고 있다.
- **I have one book.** 나는 책이 한 권 있다.

물건이 여러개 있거나 숫자로 셀 수 없는 집합명사

two + 명사(s)
a few + 명사(s), 집합명사
some + 명사(s), 집합명사
many + 명사(s), 집합명사
a lot of + 명사(s), 집합명사
most + 명사(s), 집합명사

- **We have some furniture.** 우리는 몇 개의 가구가 있다.
- **I have a lot of homework to do tonight.**
  나는 오늘 밤에 해야 할 숙제가 많이 있다.
- **There are some boxes.** 그 곳에는 몇 개의 상자가 있다.

집합명사

전체적 개념은 셀 수 있는 명사로 단수나 복수형으로 쓰이지만 개개의 구성원 전체를 나타낼 때는 복수형으로 쓰입니다.

- **My family are all very well.** 나의 가족 모두 잘 있다.

1. 다음 영어를 우리말로 알맞게 해석한 것을 고르시오.

1) How beautiful!
2) What a fine day it is!
3) What a surprise!
4) What a cute boy!

Ⓐ 정말 귀여운 아이구나!
Ⓑ 와, 아름답다!
Ⓒ 이렇게 놀라울 수가!
Ⓓ 날씨 정말 좋다!

2. 다음 중 what의 용법이 다른 하나를 고르시오.

1) What a brave boy he is!
2) What's up?
3) What a tiny dog it is!
4) What a pity!

3. 다음 문장을 감탄문으로 알맞게 나타낸 것을 고르시오.

〉〉 He is a funny boy.

1) How funny a boy!
2) What a funny boy he is!
3) What funny boy he is!
4) What a funny boy is he!

4. 다음 대화에서 빈 칸에 들어갈 알맞은 단어를 고르시오.

〉〉 A : I heard that Judy failed the test.
B : What a ________ !

1) bad 2) pity 3) illness 4) miserable

5. 다음 단어를 순서대로 배열하여 감탄문을 만드시오.

〉〉 차들이 멋있군요! (these, are, nice, How, cars)!

Answer ❶ 1) Ⓑ 2) Ⓓ 3) Ⓒ 4) Ⓐ ❷ 2) ❸ 2) ❹ 2) ❺ How nice these cars are!

자연에 관한 영단어

earth
지구/땅 어-쓰

sea
바다 씨-

ground
땅 그라운드

lake
호수 레이크

stone
돌 스토운

pond
연못 폰드

volcano
화산 볼케이노

forest
숲 포리스트

wave
파도 웨이브

sand
모래 샌드

valley
계곡 밸리

hill
언덕 힐

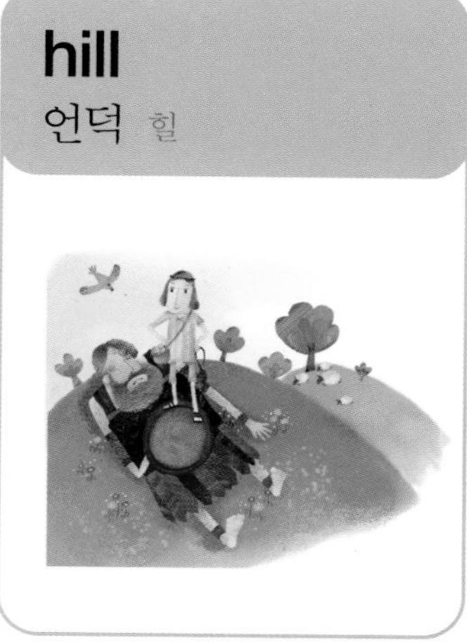

snow
눈 스노우

river
강 리버

mountain
산 마운틴

— Day —
28

If I were you, I would go by plane.

제가 당신이라면 비행기를 타고 갈텐데

기본패턴

If I were you, I would help him.
If I were a bird, I could fly to you.

Anna : How do you go to Busan tomorrow?
하우 두 **유** 고 투 **부**산 투**모**로우?
내일 부산에 어떻게 갈거예요?

Mark : Well··· It's not exactly clear.
웰··· 잇츠 **낫** 이그**잭**틀리 클**리**어
글쎄요, 확실하지가 않아요.

Anna : If I were you, I would go by plane.
이프 아이 **워** 유, 아이 우드 **고**우 바이 **플**레인
제가 당신이라면 비행기를 타고 갈텐데.

Mark : I can get there and come back by KTX in a day.
아이 캔 **갯** 데어 앤 컴 **백** 바이 **케**이티엑스 인 어 **데**이
KTX로 하루 만에 갔다올 수 있을 거예요.

How do you go to Busan tomorrow?

how는 when, where, why 등과 더불어 의문부사로서 '방법 · 정도 · 상태' 등에 관한 의문을 나타내는 데 사용합니다. 여기서는 교통수단에 관한 질문으로 부산에 어떻게 갈 것인지를 물어보는 것입니다.

Well··· It's not exactly clear.

여기서 'well···'은 '글쎄요'라는 의미로, 바로 대답이 떠오르지 않을 때 아무말도 안하는 것보다 지금 대답을 생각중이라는 것을 나타내기 위해 많이 사용하는 유용한 표현입니다. 혹은 상대방의 의견에 대해 동의하지 않는 경우에도 No, I don't think so. '아뇨, 그렇게 생각하지 않아요'라고 직접적으로 반대의사를 표현하는 것보다는 Well, I know your point, but~ '글쎄요, 당신의 요지는 알겠어요, 그러나~'라고 부드럽게 대처하는 편이 바람직하게 여겨집니다. 여기서 clear는 '상황이 분명한'이라는 의미로 사용되어 위의 문장은 '분명하지 않아요, 확실하지 않아요'라는 뜻을 갖습니다.

If I were you, I would go by plane.

'만약 ~라면'이라고 무언가를 가정해서 말하거나 소망을 나타낼 때 보통 if 절을 사용합니다. 현재의 사실과 반대되는 가정일 때 if 절에는 과거형(be동사는 were)이 사용되고, 주절에는 보통 would, should, could 등과 같은 조동사의 과거형이 사용됩니다.

I can get there and come back by KTX in a day.

can은 가능성을 나타내는 조동사이며, in a day는 '하루만에, 하루에'라는 의미입니다.

New words

tomorrow 내일 **exactly** 정확하게, 꼭 **plane** 비행기
in a day 하루 만에, 하루에

If there were no air, we could not live even a single day.
이프 데어 워 **노 에**어, 위 쿠드 낫 **리**브 이븐 어 **싱**글 **데**이

◀ 공기 없이는 하루도 살아갈 수가 없다.

If I were you, I would help him.
이프 아이 **워** 유, **아**이 우드 **헬**프 힘

◀ 제가 당신이라면 그를 도와줄거예요.

If it should rain tomorrow, I shall not come.
이프 잇 슈드 **레**인 투모로우, **아**이 쉘 낫 **컴**

◀ 만일 내일 비가 온다면 저는 가지 않겠어요.

If I were to die tomorrow, what would you do?
이프 **아**이 워 투 **다**이 투**모**로우, 왓 우드유 **두**?

◀ 만약에 제가 내일 죽는다면 당신은 어떻게 하시겠어요?

If you can not speak, write your words down.
이프 유 캔 **낫 스**픽크, **롸**잇 유어 **워**즈 **다**운

◀ 말할 수 없으면 글로 쓰세요.

If you were finished, may I use the phone?
이프 유워 **피**니시드, **메**이 **아**이 유즈 더 **폰**?

◀ 전화 끝나셨으면 제가 좀 써도 될까요?

If I were you, I would not do such a thing.
이프 아이 **워** 유, **아**이 유드 **낫** 두 **써**취 어 씽

◀ 내가 당신이라면 그런 행동은 하지 않았을 거예요.

One point 문법 – 가정법

'만약 ~라면'이라고 무언가를 가정해서 말하거나 소망을 나타낼 때는 보통 if를 사용합니다.

가정법 현재

현재나 미래에 대한 불확실한 상황을 가정하며, 단순한 추측을 나타냅니다.

- If + 주어 + 동사 현재형, 주어 + will + 동사 기본형 : 만약 ~라면 ~할 것이다.

If the weather is nice, I will go hiking.

날씨가 좋으면 하이킹을 갈 거예요.

가정법 과거

현재 사실의 반대 상황을 가정하거나 상상합니다.

- If + 주어 + 동사의 과거형~, 주어 + would + 동사 기본형~ : 만약 ~라면 ~할텐데

If I were a bird, I could fly to you.

내가 새라면 너한테 날아가련만

가정법 미래

일어날 가능성이 거의 없는 일이나 실현 불가능한 일을 가정합니다.

- If + 주어 + should + 동사 기본형~, 주어 + will + 동사 : 만약 ~라면 ~할 것이다

If I should be free tomorrow, I will come to you.

내일 시간이 있으면 당신에게 가겠어요.

should 대신에 would, could, might 등과 같은 조동사도 쓸 수 있습니다.

셀 수 없는 명사

셀 수 없는 명사들은 물질명사(water, paper, milk 등)나 추상명사(love, peace, advice 등), 고유명사(Seoul, Monday, July, summer 등) 처럼 말 그대로 불가산명사를 이야기 합니다. 여기에는 복수형은 쓸 수 없고, 앞에는 a(an)을 붙이지 않으며 much, (a) little 등으로 수식합니다. much는 주로 질문이나 부정적인 문장에서 사용하고 긍정문에는 사용하지 않습니다.

- **Do you drink much coffee?** 커피를 많이 먹나요?
- **I don't drink much coffee.** 커피를 많이 먹지 않아요.

(a) little는 있기는 있지만 많이 있지는 않음을 나타냅니다.

- **I speak a little English (= some English but not much)**
  영어를 조금 할 줄 알아요.(조금은 하지만 잘 하지는 못한다는 뜻)

만약에 a가 빠지고 little만 사용한다면 거의 없는 상태를 말합니다.

- **We have a little money, so we are not poor.**
  우리는 돈이 조금 있어요, 그래서 아주 가난하지는 않아요.
- **We have little money, so we are very poor.**
  우리는 돈이 거의 없어요. 그래서 매우 가난해요.

차이점을 잘 이해 하시기 바랍니다.

물질명사의 수를 표시하는 방법

컵/잔(주로 뜨거운 것들)	**a cup of (two cups of) coffee, tea**
병	**a bottle of (two bottles of) juice, milk**
잔(주로 차가운 것들)	**a glass of (two glasses of) water, coke**
조각	**a piece of (two pieces of) pizza, cheese**
송이	**a bunch of (two bunches of) bananas**
장	**a sheet of (two sheets of) paper**

Self test!!

1. 다음 영어를 우리말로 알맞게 해석한 것을 고르시오.

1) If I should be free tomorrow,	Ⓐ 만일 내일 비가 온다면
2) If I were a bird,	Ⓑ 내가 만약 새라면
3) If I were to die tomorrow,	Ⓒ 내가 만약에 내일 죽는다면
4) If it should rain tomorrow,	Ⓓ 내일 시간이 있으면

2. 다음 중 if의 용법이 다른 하나를 고르시오.

1) I'll go if you do.
2) If I were you, I wouldn't do such a thing.
3) She is a foolish, if pretty girl.
4) If I were you, I would help him.

3. 다음 우리말을 영어로 알맞게 옮긴 것을 고르시오.

〉〉 내일 비가 오면 나는 집에 머무를 것이다.

1) If it will rain tomorrow, I will stay at home.
2) If it rains tomorrow, I will stay at home.
3) Though it rains tomorrow, I will stay at home.
4) When it rain tomorrow, I will stay at home.

4. 다음 (　　)에 알맞은 단어를 고르시오.

〉〉 If I (　　) you, I (　　) go by train. 제가 당신이라면 기차를 타고 갈텐데.

1) was / can　　2) am / could　　3) were / would　　4) was / would

5. 단어들을 순서대로 배열하여 다음 문장을 영어로 옮기시오.

〉〉 내가 새라면 너한테 날아가련만 (a, bird, I, were, fly, to, you, I could, If)

Answer
❶ 1) Ⓓ　2) Ⓑ　3) Ⓒ　4) Ⓐ　❷ 3)　❸ 2)
❹ 3)　❺ If I were a bird, I could fly to you

우주와 자연에 관한 영단어

nature
자연 네이처-

galaxy
은하계 갤럭시

universe
우주 유-니버-스

star
별 스타-

shooting star
유성 슈-팅스타

moon
달 문

light
빛 라이트

sound
소리 사운드

air
공기 에어-

temperature
온도 템퍼러처

wind
바람 윈드

lightning
번개 라이트닝

cloud
구름 클라우드

thunder
천둥 썬더-

sun
해 썬

Day 29

Let's play baseball.

야구하러 가자

Let's swim across.
Let's meet after school.

Anna : Let's play baseball. 야구 합시다.
렛츠 플레이 베이스볼

Mark : Yes, let's do it. Do you have a glove?
예스, 렛츠 두 잇. 두 유 해브 어 글러브?
그래요, 합시다. 글러브 있어요?

Anna : Of course. I have a bat, too.
오브 콜스. 아이 해브 어 뱃, 투
물론이죠, 배트도 갖고 있어요.

Mark : Fine. Let's begin! 좋아요. 시작합시다!
파인. 렛츠 비긴!

Let's play baseball.

Let's는 Let us의 단축형으로 '~을 하자, ~합시다' 라는 청유형 문장입니다. 일반적으로 단축형을 많이 사용합니다. Let's는 격의가 없거나 친근한 사이에서 많이 사용합니다.

Yes, let's do it. Do you have a glove?

Yes, let's do it은 Let's play baseball에 대한 대답입니다. 이밖에도 All right / OK 등으로 대답 할 수 있습니다.

Of course. I have a bat, too.

Of course는 자기 말이 사실이거나 옳음을 강조 할 때 쓰이는 숙어로 '물론' 이라는 의미입니다. too는 부사로써 보통 문장의 끝에 옵니다. '또한' 이라는 뜻으로 glove 외 bet도 가지고 있다는 것을 강조합니다.

Fine. Let's begin!

Fine은 상대방의 말에 찬성하는 의미로 '좋아, 그래' 라는 의미입니다.

New words

baseball 야구 **glove** 장갑, 글러브

활용 expression

Lecture

Let's go to the KFC.
I'll buy you a hamburger.
렛츠 고우 투 더 케이에프씨. 아일 바이 유 어 햄버거

◀ KFC에 가요. 제가 햄버거 살게요.

Good. Let's go for a drive.
굳. 렛츠 고우 포러 드라이브

◀ 좋아요. 우리 드라이브 가요.

Let's go to the ski resort this weekend.
렛츠 고우 투 더 스키 리조트 디스 위캔

◀ 이번 주말에 스키장에 갑시다.

Let's just go back to work.
렛츠 져스트 고 백 투 웕

◀ 그냥 돌아가서 일합시다.

Let's go! Stand up!
렛츠 고우! 스탠 덥!

◀ 갑시다! 일어서요!

Let's do something exciting.
렛츠 두 썸띵 익싸이링

◀ 뭔가 신나는 거 해요.

Let's play soccer.
렛츠 플레이 싸커

◀ 축구합시다.

Let's go to the picnic.
렛츠 고우 투 더 피크닉

◀ 소풍갑시다.

Let's study English.
렛츠 스터디 잉글리쉬

◀ 영어 공부 합시다.

One point 문법 – 명령문

명령문이란 주어를 생략하고 동사로 시작하는 문장을 말합니다. 일반적으로 '~을 해라'라는 의미이지만 '~좀 해 주실래요?'나 '~을 하자'라고 권유하는 문장도 간접적으로 명령문이라고 할 수 있습니다.

~을 해라 : 직접적 표현

주어를 생략하고 동사로 문장을 시작합니다.

- **Sit down!** 앉아라!
- **Be quiet, everybody.** 모두 조용히 해.

~해주세요 : 부탁의 표현

일반적으로 please를 덧붙여서 사용합니다. 보통 please는 문장 맨 앞이나 문장 끝에도 옵니다.

- **Please sit down.** 앉으세요.
- **Open it, please.** 그것을 열어 주십시오.

~을 하지 마세요 : 금지의 명령

금지의 명령은 보통 Do not(축약형 Don't)으로 시작합니다.

- **Don't be long.** 시간을 끌지 마라.
- **Don't come in.** 들어오지 마.

~합시다 : 권유의 표현

Let's를 사용합니다. '~하지 맙시다'라고 할 때는 'Let's not~'이라고 합니다.

- **Let's play golf.** 골프 치러 갑시다.
- **Let's not judge.** 평가하지 맙시다.

명언 익히기!

- **Think like a man of action and act like man of thought.**
  행동하는 사람처럼 생각하고, 생각하는 사람처럼 행동하라.

- **By doubting we come at the truth.**
  의심함으로써 우리는 진리에 도달한다.

- **Better the last smile than the first laughter.**
  처음의 큰 웃음보다 마지막의 미소가 더 좋다.

- **A poet is the painter of the soul.**
  시인은 영혼의 화가이다.

- **Painless poverty is better than embittered wealth.**
  고통 없는 빈곤이 괴로운 부보다 낫다.

- **Error is the discipline through which we advance.**
  잘못은 그것을 통하여 우리가 발전할 수 있는 훈련이다.

- **Faith without deeds is useless.**
  행함이 없는 믿음은 쓸모가 없다.

- **Weak things united become strong.**
  약한 것도 합치면 강해진다.

- **We give advice, but we cannot give conduct.**
  충고는 해 줄 수 있으나, 행동하게 할 수는 없다.

- **Pain past is pleasure.**
  지나간 고통은 쾌락이다.

- **Faith is a higher faculty than reason.**
  믿음은 이성보다 더 고상한 능력이다.

1. 다음 영어를 우리말로 알맞게 해석한 것을 고르시오.

1) Let's go bowling.
2) Please, somebody help me!
3) Don't give them up.
4) Open the window, please.

Ⓐ 누가 좀 도와줘요!
Ⓑ 볼링 치러 갑시다.
Ⓒ 창문 좀 열어 주세요.
Ⓓ 그들을 포기하지 마세요.

2. 다음 중 문장 중 명령문을 고르시오.

1) He gets up at six in the morning.
2) Get up early in the morning.
3) It's time for me to get up.
4) What time do you get up?

3. 다음 우리말을 영어로 알맞게 옮긴 것을 고르시오.

〉〉 그는 얼마나 정직한 소년인가!

1) He is an honesty boy.
2) What an honesty boy he is!
3) How is a honesty boy?
4) What is an honesty boy?

4. 다음 괄호 안에서 명령문을 완성하기에 알맞은 것을 고르시오.

1) Please (sit / sitting / sat / to sit) down.
2) (To turn / Turn / Turning / Turned) off your cell phone, please.
3) Please don't (suing / to use / use / used) my computer.
4) Please (waited / wait / to wait / waiting) for me.

5. 다음 문장을 명령문으로 고치시오.

〉〉 You study hard. 너는 공부를 열심히 한다.

Answer ❶ 1) Ⓑ 2) Ⓐ 3) Ⓓ 4) Ⓒ ❷ 2) ❸ 2) ❹ 1) sit 2) Turn 3) use 4) wait ❺ Study hard!

방위 · 대양 · 대륙에 관한 영단어

east
동쪽 아-스트

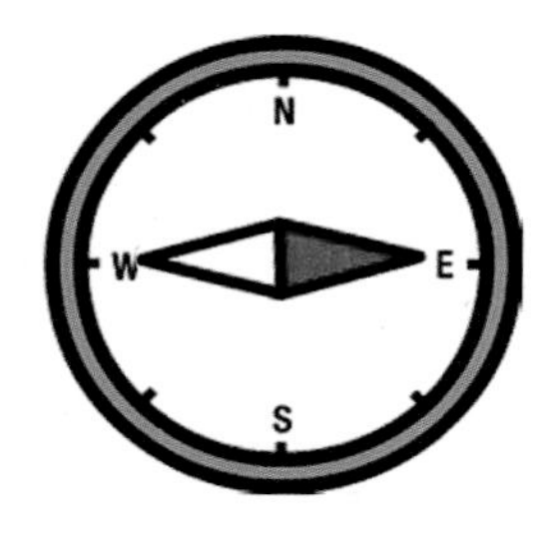

west
서쪽 웨스트

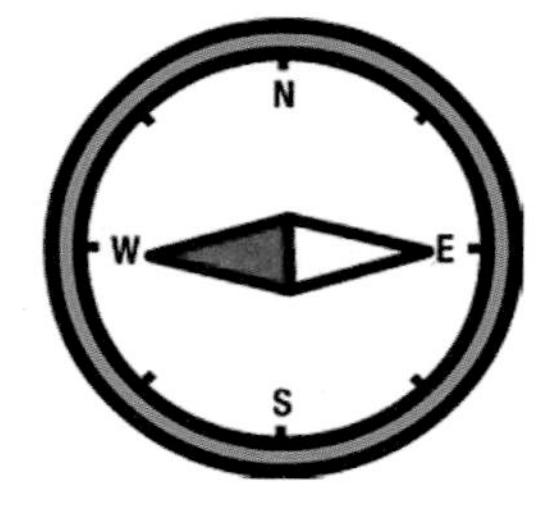

south
남쪽 싸우쓰

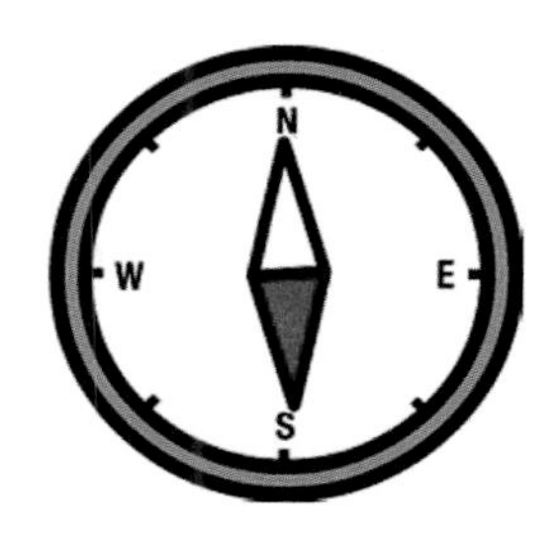

north
북쪽 노-쓰

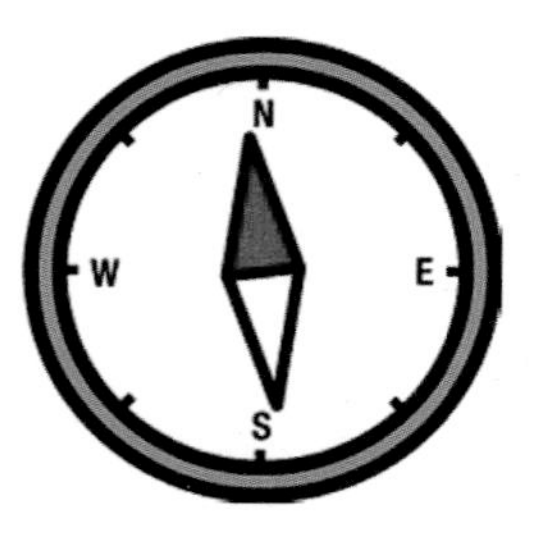

continent
대륙 칸터넌트

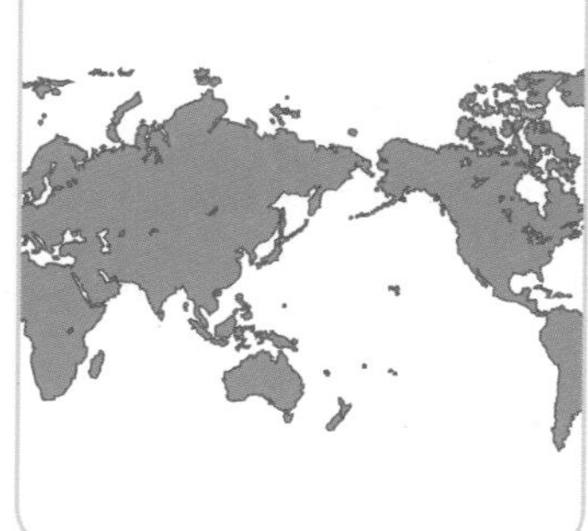

island
섬 아일랜드

the South Pole
남극 더 싸우쓰 포울

the North Pole
북극 더 노-쓰 포울

desert
사막 데저-트

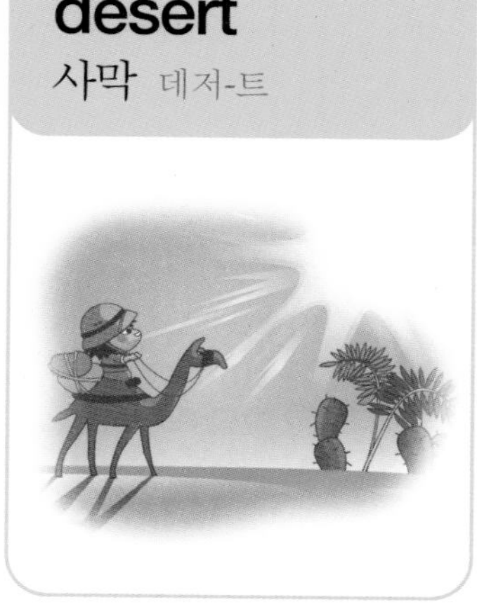

South America
남아메리카 싸우쓰 아메리카

North America
북아메리카 노스 아메리카

Oceania
오세아니아 오씨애나

Asia
아시아 에이샤

Africa
아프리카 애프리카

Europe
유럽 유럽

부록

여러 번 쓰면서 영단어 외우기

요즘에는 필기체가 대세!
영단어를 쓰면서 외울 때 필기체도 함께 익혀보자
나 자신이 빛나보이고 싶을 때 필기체로 보란듯이 써보자

계절과 요일에 관한 영단어 써보기

spring
봄 스프링

spring
spring

summer
여름 썸머-

summer
summer

autumn
가을 오-텀

autumn
autumn

winter
겨울 윈터

winter
winter

season
계절 씨-즌

season
season

Sunday
일요일 선데이

Sunday
Sunday

Monday
월요일 먼데이

Monday
Monday

Tuesday
화요일 튜-즈데이

Tuesday
Tuesday

Wednesday
수요일 웬즈데이

Wednesday
Wednesday

Thursday
목요일 써-즈데이

Thursday
Thursday

Friday
금요일 프라이데이

Friday
Friday

Saturday
토요일 세터-데이

Saturday
Saturday

신체에 관한 영단어 써보기

hair
머리카락 헤어

hair
hair

head
머리 헤드

head
head

ear
귀 이어

ear
ear

eye
눈 아이

eye
eye

nose
코 노우즈

nose
nose

mouth
입 마우스

mouth
mouth

neck
목 넥

neck

neck

arm
팔 암

arm

arm

hand
손 핸드

hand

hand

knee
무릎 니-

knee

knee

leg
다리 레그

leg

leg

foot
발 풋

foot

foot

때와 시간에 관한 영단어 써보기

past
과거 패스트

past
past

present
현재 프레즌트

present
present

future
미래 퓨처

future
future

date
날짜 데이트

date
date

year
년 이어-

year
year

day
하루 데이

day
day

morning
아침 모닝

morning

morning

noon
정오(낮 12시) 눈-

noon

noon

evening
저녁 이-브닝

evening

evening

time
시간 타임

time

time

everyday
매일의 에브리데이

everyday

everyday

week
주 윅-

week

week

월에 관한 영단어 써보기

January
1월 재뉴에리

January
January

February
2월 페브루에리

February
February

March
3월 마-취

March
March

April
4월 에이프럴

April
April

May
5월 메이

May
May

June
6월 주운

June
June

July
7월 줄라이

July

July

August
8월 오-거스트

August

August

September
9월 셉템버

September

September

October
10월 악토우버

October

October

November
11월 노우멤버

November

November

December
12월 디셈버

December

December

색에 관한 영단어 써보기

red
빨간색 레드

red
red

orange
주황색 오-린쥐

orange
orange

yellow
노란색 옐로우

yellow
yellow

green
초록색 그린

green
green

blue
파란색 블루

blue
blue

purple
보라색 퍼-플

purple
purple

black

검정색 블랙

black

black

white

흰색 화이트

white

white

gray

회색 그레이

gray

gray

beige

베이지색 베이지

beige

beige

brown

갈색 브라운

brown

brown

pink

분홍색 핑크

pink

pink

가족에 관한 영단어 써보기

family
가족 패밀리

family
family

grandfather
할아버지 그랜드파-더-

grandfather
grandfather

grandmother
할머니 그랜드머더-

grandmother
grandmother

daddy
아빠 대디-

daddy
daddy

mom
엄마 맘

mom
mom

sister
언니 시스터-

sister
sister

brother
형 브러더-

brother
brother

parents
부모 페어런츠

parents
parents

son
아들 썬

son
son

daughter
딸 도-터-

daughter
daughter

child
아이/자식 차일드

child
child

baby
아기 베이비

baby
baby

직업에 관한 영단어 써보기

soldier
군인 소울저-

soldier
soldier

scientist
과학자 사이언티스트

scientist
scientist

reporter
기자 리포-터-

reporter
reporter

farmer
농부 파머

farmer
farmer

doctor
의사 닥터-

doctor
doctor

firefighter
소방관 파이어-파잇터-

firefighter
firefighter

nurse

간호사 너-스

nurse

nurse

model

모델 모들

model

model

cook

요리사 쿡

cook

cook

musician

음악가 뮤-지션

musician

musician

artist

화가 아-티스트

artist

artist

pilot

조종사 파일럿

pilot

pilot

회사에 관한 영단어 써보기

chairman
회장 체어맨

chairman
chairman

secretary
비서 세크러터리

secretary
secretary

meeting
회의 미팅

meeting
meeting

manager
과장, 지배인 매니저

manager
manager

guest
손님 게스트

guest
guest

labor
노동 레이버

labor
labor

export
수출 엑스포트

export
export

enterprise
기업 엔터프라이즈

enterprise
enterprise

employer
종업원 엠플로이어

employer
employer

workplace
직장 워크플레이스

workplace
workplace

payday
월급날 페이데이

payday
payday

product
생산품 프로덕트

product
product

바다 동물에 관한 영단어 써보기

crab
게 크렙

crab
crab

dolphin
돌고래 돌핀

dolphin
dolphin

octopus
문어 악토퍼스

octopus
octopus

tuna
참치 튜-너

tuna
tuna

cuttlefish
오징어 커틀피쉬

cuttlefish
cuttlefish

seal
물개 씰

seal
seal

fish
물고기 피쉬

fish

fish

lobster
바닷가재 랍스터-

lobster

lobster

salmon
연어 새먼

salmon

salmon

shark
상어 사-크

shark

shark

whale
고래 웨일

whale

whale

sea horse
해마 씨-호스

sea horse

sea horse

공항과 숙소에 관한 영단어 써보기

airport
공항 에어-포-트

airport
airport

passenger
승객 패신저-

passenger
passenger

plane
비행기 플레니

plane
plane

passport
여권 패스포-트

passport
passport

baggage
짐 배기지

baggage
baggage

suitcase
여행가방 숫케이스

suitcase
suitcase

duty-free shop
면세점 듀티프리샵

duty-free shop

duty-free shop

motel
모텔 모텔

motel

motel

hotel
호텔 호텔

hotel

hotel

bellhop
벨보이 밸흡

bellhop

bellhop

front
프런트 프런트

front

front

room service
룸서비스 룸서비스

room service

room service

운동에 관한 영단어 써보기

basketball
농구 베스킷볼

basketball
basketball

volleyball
배구 발리볼

volleyball
volleyball

soccer
축구 사커–

soccer
soccer

tennis
테니스 테니스

tennis
tennis

boxing
권투 박싱

boxing
boxing

golf
골프 골프

golf
golf

skiing
스키 스키잉

skiing
skiing

badminton
배드민턴 배드민턴

badminton
badminton

wrestling
레슬링 레슬링

wrestling
wrestling

swimming
수영 스위밍

swimming
swimming

baseball
야구 베이스볼

baseball
baseball

skate
스케이트 스케이트

skate
skate

건물에 관한 영단어 써보기

library
도서관 라이브러리

library
library

church
교회 처-치

church
church

hospital
병원 히스피틀

hospital
hospital

apartment
아파트 어파-트먼트

apartment
apartment

post office
우체국 포스트 오-피스

post office
post office

bank
은행 뱅크

bank
bank

school
학교 스쿨

school
school

factory
공장 팩토리

factory
factory

fire station
소방서 파이어- 스테이션

fire station
fire station

station
역 스테이션

station
station

museum
박물관 뮤-지-엄

museum
museum

subway station
지하철역 서브웨이스테이션

subway station
subway station

방위와 대륙에 관한 영단어 써보기

east
동쪽 이-스트

east
east

west
서쪽 웨스트

west
west

south
남쪽 싸우쓰

south
south

north
북쪽 노-쓰

north
north

desert
사막 데저-트

desert
desert

island
섬 아일랜드

island
island

America
미국 아메리카

America
America

Asia
아시아 에이샤

Asia
Asia

Africa
아프리카 애프리카

Africa
Africa

Europe
유럽 유럽

Europe
Europe

Oceania
오세아니아 오씨애나

Oceania
Oceania

continent
대륙 칸터넌트

continent
continent

찐초보 영어회화

1판 3쇄 발행 | 2025년 1월 20일

엮은이 | 영어교재연구원 **펴낸이** | 윤다시 **펴낸곳** | 도서출판 예가
주　소 | 서울시 영등포구 영신로 45길 2 **전화** | 02)2633-5462 **팩스** | 02)2633-5463
이메일 | yegabook@hanmail.net 블로그 | http://blog.naver.com/yegabook
인스타그램 | http://instagram.com/yegabook
등록번호 | 제 8-216호

ISBN 978-89-7567-642-0 13740